NOUVELLE MANIERE

DE

FORTIFIER LES PLACES.

PAR MONSIEUR BLONDEL MARECHAL de Camp aux Armées du Roy, & cy - devant Maître de Mathematique de Monseigneur le Dauphin.

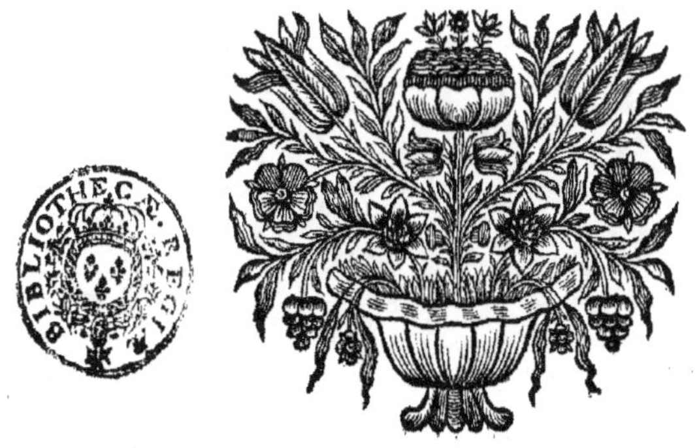

A PARIS,

Chez {
L'AUTHEUR au Faux - bourg S. Germain ruë Jacob, au coin de celle de S. Benoist.
Et NICOLAS LANGLOIS ruë S. Jâques à la Victoire.

M. DC. LXXXIII.

AVEC PRIVILEGE DU ROY.

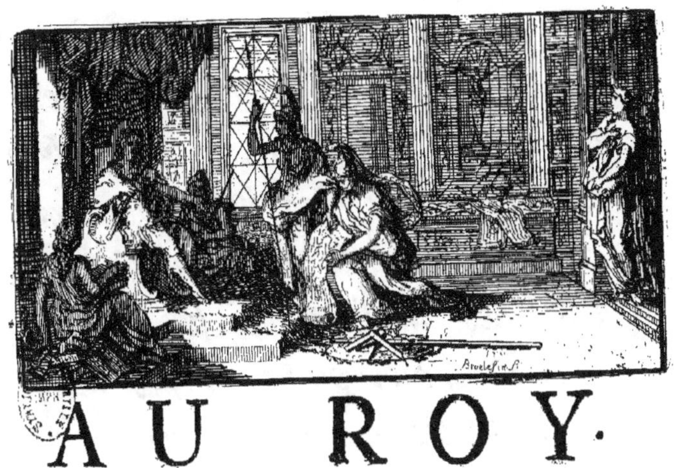

AU ROY.

S IRE,

Ie ne sçai si l'on ne condamnera
point la hardiesse que je prens d'a-

dresser à *VOSTRE MAIE-
STE* ce nouvel Art de Fortifier les
Places, dans un temps où Elle ne
pense qu'à conquerir, & où la seule
terreur de son nom suffit pour mettre ses Places les plus foibles à couvert des insultes de ses Ennemis.
I'ose me flater pourtant que *V. M.*
ne desaprouvera pas absolument mon
dessein ; puisqu'il est vray que l'Art
de defendre les Villes, n'a pas esté
jusqu'ici moins utile aux Conquerans, que l'Art de les attaquer ; &
qu'on a vû de tres grands Capitaines obligez, au milieu de leurs Con-
questes, de courir à la défense de
leurs Places, à la seureté desquelles
ils avoient negligé de pourvoir. En
effet n'est - ce pas ce qui empêcha
Agesilaüs de prevenir Alexandre
dans la Conqueste de l'Asie ? n'est-
ce pas, dis - je, ce qui lui ravit la

gloire d'être le premier deſtructeur
de l'Empire des Perſes, ſur leſquels
il avoit dèja remporté pluſieurs
avantages, quand les beſoins preſ-
ſans de ſa Patrie, depourveuë de
Places fortes, l'obligerent de ſe retirer, & lui ôterent, pour ainſi dire,
la Victoire des mains? Et qu'auroit ſervi à Alexandre d'avoir porté
ſes armes Victorieuſes juſqu'aux dernieres extremités de la Terre, ſi les
Lacedemoniens avoient ſçû profiter
de la faute qu'il avoit faite de leur
laiſſer la Macedoine en proye, pour
n'avoir pas fortifié ſes frontieres à
ſon depart? Mais pourquoi chercher
des authoritez étrangeres? n'avons
nous pas veu V. M. Elle même employer autant de ſoins & de fati-
gues à rendre ſes Places imprenables, qu'elle en a employé depuis à
conquerir des Provinces entieres?

J'espere donc, SIRE, qu'elle ne re-
fusera pas de jetter les yeux sur ce
petit Ouvrage où j'ay tâché d'éclair-
cir une Science si necessaire à la
seureté des Etats & à la Gloire des
Conquerans. Et certainement, aprés
l'emploi glorieux dont il a plû à
V. M. de m'honorer, en me choisis-
sant pour enseigner les Mathematiques à MONSEIGNEUR LE
DAUPHIN, je dois faire au
moins tous mes efforts pour decouvrir de nouveaux secrets dans l'Art
de défendre les Places, c'est à dire
dans le seul Art de la Guerre, dont
il aura, peut-être, un jour besoin;
Car si V. M. continuë encore quelque temps à courir, comme Elle
fait, de Victoire en Victoire; je ne
sçai si Elle lui laissera rien à attaquer & à Conquerir. C'est dans
cette veuë, SIRE, que je lui pre-

ſente ce Livre. Heureux ! s'il peut
en effet contribuer à l'inſtruction
d'un Prince , dont la vive ardeur
& les nobles inclinations , donnent
deja à la France de grans preſages
d'une publique felicité ; d'un Prince , dis - je , qui va dans peu marcher ſur les pas de Charlemagne &
de Henri le Grand , ou pour dire
de lui quelque choſe de plus merveilleux , qui va bien - tôt ſe mettre
en ètat de reſſembler à V. M. comme le ſouhaite avec toute la France,

SIRE

de Vôtre Majeſté

Le tres - humble , tres - obeiſſant &
tres - fidele ſerviteur & ſujet.

BLONDEL.

Au mois de Fevrier 1683.

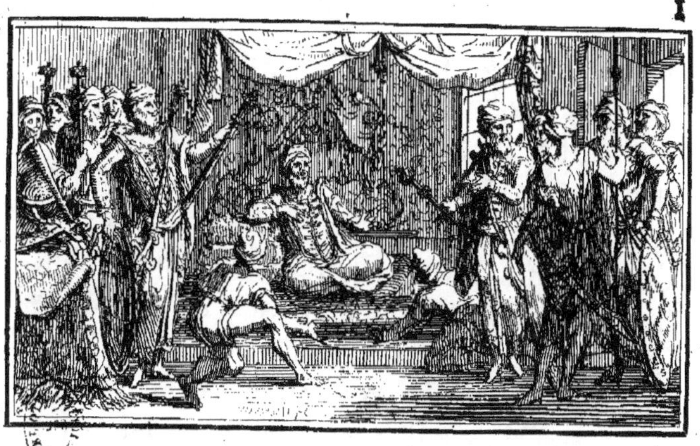

NOUVELLE
MANIERE
DE
FORTIFIER LES PLACES.

PREMIER DISCOURS.

LES Perſonnes curieuſes n'auront pas peut-être deſagreable que je leur declare, avant que d'entrer dans le detail de cet Ouvrage, le ſujet qui me l'a fait entreprendre, ce qui lui eſt arrivé dans la ſuitte, & ce qui l'a empêché juſqu'à preſent de paroître en public, quoi qu'il y ait aſſés long temps qu'il ſoit fait.

Je dirai donc, qu'étant de retour ſur la fin

A

de l'année 1668 des Indes Occidentales où j'a-
vois été envoyé par le Roy en qualité de son
Commissaire pour visiter les Isles de l'Amerique qui sont sous la domination de sa Majesté,
& pourvoir à leur seureté ; Je fus employé à la
direction des ouvrages publics qui furent con-
struits à Paris pendant les années 1669, 1670 &
les suivantes, pour l'embelissement de la Ville
& la commodité de ses habitans.

Cet employ me donna occasion de me trouver souvent en compagnie d'Ingenieurs & d'autres personnes habiles en cet art. Et comme le
Siege de Candie qui étoit alors dans son pe-
riode, tant de Villes que le Roy avoit prises
dans la Guerre qu'il avoit faite peu d'années auparavant en Flandres, & le soin qu'il prenoit d'en
faire fortifier plusieurs ; leur fournissoient sans
cesse une ample matiere de discourir sur l'art de
fortifier les places : Nous en faisions nos plus
ordinaires conversations.

Nous étions sur tout étonnez que des places,
qui avoient autres fois acquis tant de reputation
par la longue resistance quelles avoient faites,
fussent tombées en si peu de temps sous les armes
du Roy. Mais nous en comprimes facilement
la raison, considerant d'une part l'abondance
de toutes choses dans les armées de sa Majesté, la quantité de son artillerie, la vigueur
& l'experience de ses Officiers, la bravoure & la

discipline de ses Soldats , & l'accoustumance qu'ils ont prise de ne se point épargner particulierement en la presence de sa Majesté ; Et de l'autre l'estonnement des Ennemis , leur peu de precaution , & la necessité ou ils se trouvoient aprés une longue paix, de tout ce qui estoit necessaire pour la guerre. Ce qui nous fit conclure que ces places auroient peut-être souffert de plus grands efforts si elles avoient été suffisamment munies & deffenduës par un plus grand nombre d'hommes & mieux entendus en l'art de se défendre.

Pour ce qui étoit de Candie , nous jugions fort bien que quelque vigoureuse que pût être la resistance de la place par les secours continuels que les Princes Chrêtiens y envoyoient, il faudroit neanmoins qu'elle succombât à la fin sous l'opiniatreté des Turcs & sous ces hautes montagnes de terre, pour ainsi dire, qu'il faisoient incessament rouler devant eux pour se couvrir.

C'étoit là le sujet de nos entretiens , qui se terminoient le plus souvent à dire que comme l'on avoit apporté du changement à la fortification autant de fois que l'on avoit inventé quelque nouveauté dans les manieres d'attaquer; il falloit necessairement s'appliquer à la recherche de nouvelles défenses , pour opposer à la violence des efforts que produisoit la methode que les Modernes avoient trouvée pour as-

 saillir. D'où nous tirions une confequence ne-
ceffaire , *que l'art d'attaquer s'étoit fort avancé au
deffus de celui de fe défendre.*

Nous crûmes donc qu'il feroit bon d'exami-
ner les manieres accoutumées de nos Fortifications , afin d'en bien conoître les avantages &
les défauts , pour tâcher d'augmenter les premiers autant qu'il feroit poffible, & de corriger
les autres.

Mais ces Meffieurs foühaiterent que je les en-
tretinffe auparavant de ce que j'avois remarqué
de particulier aux diverfes fortifications que
j'avois vûes dans mes voyages aux pays êtran-
gers. Pour les fatisfaire je leur dis qu'à la referve de quelques places que les Europeans ont
conftruites aux Indes Orientales ou Occidentales, & dont la fortification ne feroit d'aucune
confideration parmi nous; il n'y avoit rien dans
les trois plus grandes parties du monde l'Afie,
l'Afrique & l'Amerique qui pût meriter le nom
de Place fortifiée.

Que l'on en pouvoit dire autant de celles des
Turcs, lefquels fe contentoient d'en reparer les
brêches fans y rien ajouter de nouveau ; met-
tant la force de leur défence dans le grand
nombre d'hommes qu'ils tenoient toûjours en
garnifon fur leurs frontieres. Je leur racontay
à ce propos qu'étant en l'année 1659 Refident
de fa Majefté auprés du Roy de Danemarck

à Coppenhague , J'eus ordre de paſſer par terre à Conſtantinople pour demander au Grand Seigneur raiſon de l'injure qui avoit êté faite au Roy par la detention de M^r. de la Haye ſon Ambaſſadeur à la Porte ; Et qu'arrivant à Gran qui eſt l'ancienne *Strigonium* Patrie de S. Hierome , & la premiere des Places que les Turcs poſſedent en Hongrie ſur le Danube; le Gouverneur me fit voir huit mille Janiſſaires ſous les armes ; de là êtant allé à Bude il s'en trouva douze milles dans la grande place lors que je fus conduit à l'Audiance de Caïmacan. Et paſſant de Bude en Tranſilvanie où le Viſir ſe trouvoit alors à cauſe de la guerre du Ragotzki , J'en vis encore huit milles dans le marché de Themeſwar qui eſt un peu au dela du Tybiſque.

C'eſt là toute la force de ces Forcereſſes qui ont tant de reputation; Et je fus ſurpris de voir que ni Gran , ni Bude, ni Belgrade n'avoient pour toute Fortification qu'une ſimple clôture de murailles avec des Tours à l'antique , ſans foſſé pour la plûpart , ſans rampart, & ſans Contreſcarpe. Je fus encore plus êtonné que la Fortereſſe de Themeſwar qui avoit autrefois ſoûtenu un ſi grand Siege , n'eût qu'une enceinte de ramparts de terre , ſoutenus de grandes clayes ſans flancs, & êboulés en pluſieurs endroits. Il eſt vray qu'il y a par tout grand nombre d'Artillerie,

A iij

mais sans affuts & posée seulement sur des rou-
leaux.

Ces deux Châteaux si celebres des Dardanel-
les situés sur les anciennes Villes de *Sestos* &
Abydos qui font l'entrée du Canal qui joint la
Mer Egée au Propontide , ne sont aussi que des
masses de pierre flanquées de quelques Tours.

Celle qui est en Asie , est dans la plaine de
figure à peu prés quarrée ; & l'autre qui est en
Europe est étenduë en montant sur le côteau
en forme triangulaire. Elles sont garnies l'une
& l'autre d'un grand nombre de gros Canons,
qui peuvent tirer à fleur d'eau par de grandes
Arcades qui leur servent d'embrasures , & dont
tout le service ne se fait que sur des roulleaux
à découvert. Ces Messieurs ne pûrent s'empêcher en cet endroit , de me témoigner la joye
qu'ils avoient d'être dêtrompez de la fausse
idée qu'on leur avoit donnée de la force de ces
Places , par le recit veritable que Je leur en
faisois.

Nous pouvons , leur dis-je reprenant le discours , faire le même raisonnement des Places
des Moscovites : Car quoi que je n'aye pas veu
celles des Caschan ni d'Astracan , qui sont
fronrieres de la Mer noire & des Tartares Kal-
muques & de Nagay ; Je sçai pourtant qu'elles
n'ont d'autres Fortifications qu'une simple muraille avec des Tours. Celles du Boristhene que

j'ay vûës font de même ; & je ne fçaurois affés m'étonner que les Villes de Kiovia, de Mo-
hilou , & Smolenfko ayent pû fouffrir de fi
longs Sieges , & qu'elles ayent fait périr tant
de milliers d'hommes par leur défenfe.

Les Polonois mettent auffi toutes leurs for-
ces dans leurs armées, ils ne fouffrent point de
Forterefles parmi eux. Ils en ont feulement
deux qu'il eftiment imprenables , dont la premiere eft celle de Witepzki en Lituanie contre
les Rufles , & l'autre celle de Caminiekz en Po-
dolie contre les Turcs ; lefquelles neantmoins
ne feroient pas confiderées parmi nous , & ne
pourroient pafler tout au plus que pour des
places à fe bien défendre à coups de main.

Je ne parle point des Places de Prufle , comme de Dantzik, de Thorn, d'Elbing , de Heupt,
de Marienbourg & de Weifelmunde dans la
Royale ; ni de Konigfberg, du Pilau & de Me-
mel dans la Ducale ; non plus que de celles des
Suedois en Livonie comme de Riga , du fort
de Dunemunde , de Revel , de Nerva ; parce
que toutes ces Places font fortifiées pour la plus
part à la Holandoife , auffi bien que le fort de
Nottebourg qui eft fur le Canal , par ou les
grands Lacs que l'on appelle Onega & Ladoga ,
fe dechargent de la Mofcovie dans la Mer de
Finlande.

Voici feulement deux chofes affés particu-

 culieres que j'ay remarquées en ces quartiers-là.
La premiere est une maniere de Fortification
extraordinaire que j'ay vûë dans les Provinces
de Kexholm & de Savolaxe entre les Suedois &
les Moscovites, assés semblable à celle dont les
Saxons s'étoient autresfois si bien servis contre
les troupes de Charlemagne. Elle est faite de
grands Arbres plantés debout un peu panchés
& entrelassés l'un dans l'autre d'une maniere si
ingenieuse, qu'ils presentent mille pointes par
le dehors en forme de herissons ou de chevaux
de frize, & font par le dedans une espece de
rampart ou de parapet pour la couverture de
ceux qui servent à le défendre. Ce que j'estime-
rois beaucoup pour des retranchemens de Camp,
& pour les coups de main, si l'on pouvoit les
mettre par dehors en état de ne point appre-
hender le feu.

L'autre est une nouvelle espece de dehors
que Mr. le Comte Todt Maréchal de Suede &
Gouverneur de Livonie avoit fait faire à Riga
sur la Duina, & qu'il me fit voir lorsque j'y passay
à mon retour de Moscovie. Il l'avoit inventée
depuis la levée du siége que les Moscovites
avoient mis l'année precedente devant cette place, où ils avoient perdu inutilement leur temps
pour avoir sottement engagé leur principale attaque entre la Ville & la Citadelle, d'où ils
étoient vûs de tous côtés par le revers, & en
quoy

quoy ils avoient montré leur ignorance qu'on peut bien en cela nommer brutale.

A dire le vray cette invention est fort inge-nieuse, parce qu'elle peut selon le besoin servir pour la Ville contre la Citadelle au cas que celle - ci fût prise la premiere, ou pour la Cita-tadelle contre la Ville si les Ennemis s'en étoient rendus les Maîtres.

En suitte continuant mon discours, J'appris à ces Messieurs qu'il n'y avoit rien de conside-rable pour la Fortification, ni en Suede ni en Danemarck; Mais que dans la Marche de Bran-debourg l'on pouvoit faire beaucoup de cas de la place de Kustrin, plus à la verité pour les avantages de sa situation que pour autre chose. Puis sans m'arrêter aux Places de la Pomeranie, qui étoient assés bien fortifiées à nos manieres, non plus qu'à celle de Berlin que son Altesse Electorale de Brandebourg avoit fait enveloper d'une Fortification à la Holandoise dans le temps que j'estois Resident pour le Roy auprés de lui; Je leur dis que les Places de Hambourg, de Lubec & de Brême étoient fort bien forti-fiées selon nos manieres, & que celle de Har-bourg sur l'Elbe ne leur cedoit en rien, quoi que sa Fortification revetuë aprochât assés de celle de Mr. de Pagan. J'ajoutay que j'approuvois fort la nouvelle Enceinte que l'Empereur avoit fait construire autour de Komorre sur les frontieres de Hongrie, & à ce que l'on avoit changé depuis peu à Javarin & à Vienne.

Aprés quoy passant aux Places d'Italie, dans le détail desquelles je ne voulus point entrer; Je m'arretay seulement à celles qui ont le plus de reputation, commençant par la Forteresse de Palmanova qui est dans le Frioul des Venitiens. Elle à neuf bastions tres reguliers revêtus jusqu'au rez de la Campagne avec deux beaux Cavalliers dans chacun des Angles du flanc; le tout bâty, comme je crois, sur les desseins de l'Ingenieur *Lorini*. Elle pourroit sans doute rendre une fort bonne défense, si elle avoit des fossés assés creusés, des Dehors & des Contrescarpes; si ses flancs étoient plus grands; si la ligne de défense n'étoit pas si longue, & si la masse de ses bastions de terre n'étoit pas si élevée & avec un si enorme talu. Le Fort Urbain dans le *Bolognese* est mieux entendu pour pour ce qu'il contient. La Place de Corfou qui est aux Venitiens, & celle de Portoferraïo, que l'on appelle autrement *Cosmopoli*, & qui est à Mr. le Grand Duc de Florence dans l'Isle d'Elbe, sont tres-fortes par leur assiete, & par ce qu'on y voit tout ce qui a pû y être ajouté par l'art: Ce sont en un mot les deux plus belles Ecôles que j'aye veuës pour la Fortification irreguliere.

L'Isle de Malte pourroit aussi passer pour

telle, à caufe de la quantité incroyable de fes Fortifications, quoy qu'elles ne foient pas fans des défauts tres - confiderables. Ceux de la Vieille Fortification, ceux de la Floriane & ceux mêmes des Ouvrages qui y ont été ajoutés par le Cardinal Fiorenzola, ont été fort bien remarqués par plufieurs. Mais je ne voi pas que l'on ait encore affés bien examiné ceux de la nouvelle Enceinte de Valpergue, quoi qu'ils foient tres grands & en tres grand nombre. A l'occafion de quoi je ne puis m'empêcher de dire qu'il y a raifon de s'étonner que cet homme ait pû avec fi peu de fondement de capacité, s'acquerir tant de reputation & de creance, que l'on ait bien voulu lui confier fi aveuglemeut un Ouvrage de cette nature & de cette importance.

Au fujet de la grandeur des Ouvrages, Je n'aurois pas cy-devant manqué de faire mention de l'entreprife des Magiftrats de Dantzik qui ont enfermé dans leur Fortification une une montagne de tres grand circuit qui commandoit à leur Ville ; j'aurois conté les baftions de Hambourg, de Brême, de Berlin, & ceux que l'on a conftruits il y a quelques années pour la nouvelle enceinte de la Ville d'Amfterdam ; fi je ne m'êtois propofé de parler plûtôt de ce qu'il y a de particulier dans la forme de la Fortification, que de la grandeur des travaux ou de leur étenduë.

C'eſt pour cette raiſon , que pour parler de la Ville de Genes, qui a été fortifiée de nôtre temps ſur les deſſeins du Cardinal Fiorenzola , je ne m'arreterai pas à exagerer l'étenduë immenſe & la varieté des Ouvrages qu'il a faits ſur le ſommet des montagnes qui environnent la Ville pour les renfermer dans une Enceinte ; je me contenteray ſeulement de dire qu'encore que cette Fortification ſoit de bonne maçonnerie & d'une épaiſſeur conſiderable , Elle eſt neanmoins ſans foſſé , ſans contr'eſcarpe & même ſans rampart en pluſieurs endroits ; Et que nonobſtant le ſoin que l'Ingenieur à pris de ménager des flancs à toutes les faces , il y a pourtant des lieux , qui par l'irregularité de la ſituation & par la diſpoſition incommode du terrain haut & bas , n'en ſont point vûs , il y en a d'autres ou les flancs ſont trop petits , & d'autres ou la ligne de défenſe eſt trop longue ; de ſorte que s'approchant au long du penchant de la montagne , où il eſt fort facile de ſe couvoir , l'ont peut en peu de jours venir au pied de la muraille , & s'attacher ſi l'on veut aux endroits qui ne ſont défendus que par des angles rentrans , au fonds deſquels on ne peut point être vû du dedans ; ainſi je ne vois rien qui puiſſe empecher l'aſſaillant de faire en peu de temps ſauter la muraille & s'y loger.

Je dis en suitte à ces Messieurs qu'à la reser-
ve du Port Mahon qui est dans l'Isle de Mi-
norque , il n'y avoit rien de considerable en
Espagne que Rozes & Fontarabie , qui ne sont
pourtant que des places fort mediocres : à moins
que l'on ne voulût parler de celles que les
Espagnols ont fait construire de nouveau dans
les Pyrenées , ou de la Citadelle de Palamos au
cas qu'ils l'eussent achevée sur le dessein sur
lequel je l'avois fait commencer lors que j'en
avois le gouvernement.

Quant à ces Places qui ont eu ci-deuant tant
de reputation dans l'Europe , comme sont la
Citadelle d'Anvers, celle de Cambray , de Tu-
rin, le Chateau de Milan & autres de cette nature ; Je me contentay de leur raconter ce que
j'oüis dire à M^r. le Marêchal de la Meille-
raïc sur le sujet de la Citadelle de Perpignan
aprés que nous l'eumes prise en presence du feu
Roy en l'année 1642 ; qu'il êtoit marri de
ne l'avoir pas bien conuë , parce que nonob-
stant la haute estime ou elle êtoit dans le monde, elle n'auroit pas souffert, à ce qu'il assûroit,
plus de trois semaines de tranchée ouverte s'il
l'avoit attaquée par force.

Je voulois me taire lors qu'un de ces Messieurs me dit en riant, qu'il falloit que je fusse
mal satisfait des Hôtelleries d'Hollande, puisque je passois ainsi sous silence ce qu'il y avoit

Bb iij

en ce païs-là de plus beau fur cette matiere.
Je vous entends, lui dis-je, & fi je ne me trom-
pe, vous voulés parler de la Forterefle de Cou-
orden, qui eft en effet le plus beau bijou que
l'on puifle voir, ou plûtôt un chef d'œuvre de
la Fortification reguliere à la Holandoife. Elle
à fept baftions de terre environnés d'une affés
belle fauffebraye, avec des demi-lunes au devant
des Courtines & à la pointe des baftions. Elle
pourroit fans doute faire une défenfe confiderable fi elle étoit attaquée dans les formes &
dans les faifons ordinaires : Mais fi elle avoit
ce malheur de l'être dans un temps pareil à celui qu'il faifoit lors que je l'ay veuë la derniere
fois, elle perdroit beaucoup de l'avantage de fa
fituation & courroit rifque de ne pas bien conferver la reputation où on l'a mife ; Car il faifoit à lors une fi grande fecherefle qui duroit
depuis long-temps, que l'on pouvoit s'en approcher de toutes parts par les Marais. Ce qui
me fit diminuer beaucoup de l'eftime que j'en
avois conceüe avant que de la voir ; Outre que
j'ai une averfion naturelle pour les Places de
terre, pour les flancs obliques, pour la petiteffe
des chemins couverts, pour les palliffades plan-
tées fur la crefte de la Contrefcarpe , & pour
diverfes autres chofes qui fe trouuent dans cette
Fortification.

Je voulois entrer dans un plus grand detail

des ouvrages de cette Place , lors que ces Mef-
fieurs m'arreterent , & me dirent que cela devoit être difcuté dans l'examen que nous voulions faire des manieres particulieres qui ont
été ou decrites ou pratiquées par les Ingenieurs
qui nous ont precedé. En effet , nous nous y
appliquâmes avec affés de foin dans la fuitte de
nos conferences ; nous tachâmes de decouvrir ce
qu'il y avoit de bon ou de mauvais dans les Ouvrages & dans les difcours qui ont été faits fur cette
matiere ; Et nous rapportames fur chaque fujet ce
que chacun de nous avoit remarqué de fingulier
dans les Occafions & dans les Sieges où nous nous
étions trouvez , examinant & recherchant la
caufe veritable des évenemens extraordinaires
que nous y avions vû arriver.

Il ne faut pas s'attendre que je rapporte en
cet endroit les particularités de ces entretiens ;
Il pourroient fournir une fuffifante matiere
pour un ouvrage confiderable s'ils étoient raf-
femblés & mis en ordre par quelque main habile. Je ne feray feulement que paffer legere-
ment par deffus , tant à caufe que je ne veux
rien dire ici qui n'ait rapport au fujet de ma
Nouvelle Fortification, que parce que j'en parle affés amplement dans un Traité de l'Art de
Fortifier, d'attaquer & de défendre les Places,
que j'ay compofé & enfeigné à Monfeigneur
le Dauphin, & à leurs A. A. S. S. Meffeigneurs

les Princes de Conti & de la Roche-sur-yon, & que ce traité verra, Dieu aidant, le jour en son temps, avec le reste du Cours de Mathematique que j'ay fait pour le même sujet, & dont le Roy m'a commandé de faire part au Public.

L'on ne verra donc ici que quelques unes des plus considerables maximes de pratique de la Fortification, sur lesquelles nous nous sommes trouvés tous d'un même sentiment. Premierement comme il a toûjours passé pour constant parmi les Ingenieurs, que le meilleur des Angles flanquans, que l'on appelle autrement Angle de la Tenaille, est l'angle droit, & que tous les autres n'ont de bonté qu'autant qu'ils s'approchent de plus prés de cette ouverture : Nous jugeasmes que l'on ne devoit jamais faire de bastions obtus sans y être forcé, ni même de droits, hormis ceux qui sont sur la Ligne droite ; parce qu'ils ouvrent trop l'angle flanquant qu'ils rendent la défense trop oblique, qu'ils la diminuënt, & qu'ils en alongent la ligne; Estimant pour cette raison que la maniere Hollandoise est preferable en ce point à l'Italiene & même à celle de M.r de Pagan ; parce que faisant les angles de ses bastions aigus, en sorte neanmoins que la pointe n'en puisse point être facilement émoussée à coups de Canon, elle tire mille avantages pour la grandeur du feu

de

de sa défense, que les autres perdent inutilement.

Ce qu'on dit en faveur des baſtions à angles droits ou obtus, qu'ils reſiſtent mieux par leur maſ-ſe à la fureur des batteries & qu'ils ont plus de capacité que les autres, n'eſt point veritable en tout ſens : Car il ſuffit que la ſurface du baſtion battu ait aſſés de largeur de rampart pour reſiſter, ſans qu'il ſoit beſoin que l'épaiſſeur entiere du baſtion y ſoit employée. Pour ce qui eſt de la capacité, il ne faut que ſe donner la peine de faire un petit calcul pour trouver que de deux triangles iſoceles, dont l'un eſt rectangle & l'autre ſeulement de 60 degrés, & qui forment deux differens baſtions ayans les longueurs de leurs faces égales, la capacité du premier n'excede l'autre que d'une ſixiéme partie ; ce qui devient même inſenſiblement à rien, lors que l'angle eſt ouvert juſqu'à 70 ou 75 degrés.

Nous avons en ſuitte approuvé les Places bien revetuës, & condamné les Ouvrages qui ne ſont que de terre, parce qu'ils ſont de difficile entretien ; qu'il y a mille occaſions où ils peuvent eſtre inſultés ; que l'on n'y peut point faire de Places baſſes ; & que les flancs en ſont ſi facilement rendus inutiles & rompus, que l'on en a tiré ce diſcours, qui paſſe à preſent en proverbe, que *le corps de la Place ne ſert en ces fortereſſes, qu'à faire avoir ſa compoſition meilleure, auſſi-tôt qu'elle eſt dépoüillée de ſes Dehors.*

C

Nous avons au contraire beaucoup eſtimé
les Orillons & les Places hautes & baſſes dans
les flancs ; mépriſant les raiſons de ceux qui
diſent que le ſervice des hautes empeſche celui
des baſſes , & que celles - ci deviennent d'abord
inutiles par la chûte des ruines du parapet de
celles de deſſus. Dautant qu'il y a mille moyens
d'empêcher que ces Places ne ſe nuiſent l'une
à l'autre dans leur ſervice, que l'on n'eſt pas toûjours obligé de faire tout à la fois ; Et parce
que l'on peut recevoir doucement les ruines ou
dans un petit foſſé , ou ſur un toit de longue
paume oppoſé au mur de la place haute, & les
empêcher par ce moyen de nuire à ceux qui
font le ſervice du Canon dans les Places baſſes.

Les fauſſes brayes nous ont paru fort bon-
nes , non ſeulement au droit des flancs , mais
même au long des faces des baſtions; pourveu
qu'elles ayent une aſſés bonne largeur de chemin ou de platte forme pour pouvoir y faire
ſervir des petites pieces ; Que le haut du Parapet ſoit à fleur du Coridor de la Contr'eſcarpe , & que l'on pourvoye à la ſureté du dedans des faces par quelque grand corps ou
maſſif de maçonnerie à la pointe, ou au moins
par des traverſes poſées à propos , qui puiſſent
empêcher qu'elle ne ſoient enfilées du haut
de l'angle ſaillant de la Contr'eſcarpe.

Nous avons fait le même jugement de ces

Ouvrages que l'on conſtruit vis - à - vis des Cour-
tines, lors que les Places ont beaucoup de ſe-
cond flanc, que les Italiens qui en ont parlé
les premiers appellent *Barbacanones*; principalement s'ils ſont faits avec des avances dont les
côtés ſoient perpendiculaires à la ligne de défenſe ; Parce que ce ſont comme des flancs bas
qui peuvent razer & voir de plus prés les travaux des Ennemis lors qu'ils veulent traverſer
le foſſé ; Et parce que l'on peut dans les foſſés
ſecs s'aſſembler derriere ces Ouvrages ſans être
vû , quand on veut faire de grandes ſorties; Et
qu'aux foſſés pleins d'eau l'on y peut tenir en
ſeureté les bateaux & les pontons de paſſage à
couvert.

Au reſte nous avons ſans balancer prefe-
ré le foſſé ſec au foſſé plein. d'eau pour les Places conſiderables & qui ont un bon corps
de Fortification principale ; parce que c'eſt en
cet endroit ou l'on peut faire la plus grande
reſiſtance ; ou l'aſſailli eſt le plus à couvert,
& ou l'Aſſaillant ne peut entrer qu'à la file :
Mais il faut pour cet effet que le foſſé ſoit de
bonne largeur & profondeur , & qu'il ſoit vû
de tout le flanc. Nous avons à ce propos blâmé l'uſage qui eſt ſi frequent aux Places Fortifiées à la Hollandoiſe qui ont beaucoup de
flanc en courtine & où les Contr'eſcarpes
étant paralleles aux faces des baſtions , leur

C ij

angle rentrant s'avance de telle forte vers le milieu de la courtine, qu'il ôte abfolument au flanc la vûë du foffé qu'il doit défendre au long de la face du baftion oppofé.

Nous avons au contraire loüé la pratique de ceux qui pour ne point tomber dans cet inconvenient, aiment mieux diminuër la largeur du foffé vers l'angle flanqué. Nous n'avons pas eu beaucoup d'eftime pour la propofition que l'on faifoit alors de bâtir un gros corps de maçonnerie maffive en continuant la ligne capitale au travers du foffé pour conferver les batteries des flancs, empêchant qu'elles ne foient vûës du Canon que les Ennemis auroient mis fur la Contr'efcarpe qui les regarde ; tant parce que ce travail joignant la pointe du baftion à la Contr'efcarpe n'a point de défenfe, & peut être facilement pris par les Ennemis, que parce qu'il interrompt la Communication des parties du foffé, dont on peut neanmoins tirer de grands avantages par les forties.

L'ufage des Cunettes nous a femblé merveilleux, pourveu qu'elles foient de grande largeur & profondeur ; qu'elles ne foient pas fi proches de la Contr'efcarpe, que les Ennemis la puiffent remplir du trou de leur fappe ; & qu'elles laiffent derriere elles affés de terrain pour y pratiquer les retranchemens, les traverfes, & les autres travaux que l'on fait ordinairement & qui font si utiles pour la défenſe du foſſé.

C'eſt pour cette raiſon qu'aux foſſés pleins d'eau, nous voudrions que l'on laiſſât au pied de l'eſcarpe de la fauſſe-braye une berme de ſuffiſante largeur pour y pouvoir pratiquer ces logemens & défendre de plus prés le paſſage du foſſé.

Quant aux Contr'eſcarpes que l'on eſt obli-gé de revetir, on jugea qu'il ne ſeroit pas hors de propos qu'il y eût un petit coridor vouté & pratiqué dans l'épaiſſeur du mur avec des canonieres que l'on ouvriroit en temps de ſiege du côté du foſſé, dans l'étenduë ſeulement qui eſt compriſe entre les deux faces des baſtions prolongées, afin de voir par derriere les ou-vrages que les Ennemis feroient pour traverſer le foſſé ; Qui d'ailleurs ne s'en pourroient pas ſervir quand ils s'en feroient rendus les Maî-tres, parce qu'ils y pourroient être foudroyés par le Canon des flancs.

Ces Meſſieurs approverent beaucoup l'uſage que j'avois le premier introduit depuis peu dans la Fortification de nos places, de donner ſept à huit toiſes de largeur au chemin couvert de la Contr'eſcarpe, au lieu de quatre ou cinq toiſes ſeulement que l'on lui donnoit aupara-vant ; parce que toutes les fois que nous avions inſulté ces Contr'eſcarpes, j'avois remarqué que les Ennemis n'avoient jamais pû nous resister, à cause qu'ils n'avoient point assés de place pour se mettre en bataille & s'y défendre.

La facilité que nous avons trouvée en plusieurs Sieges, de rompre telle quantité que nous voulions des palissades que les Ennemis avoient sur la crête du parapet de leur Contr'escarpe, & d'en garder ce que nous voulions pour nous en servir à appuyer nôtre logement, nous a fait condamner absolument cette pratique ; Et ces Messieurs ont approuvé celle que j'avois aussi introduite nouvellement de mettre les pallissades en dedans du chemin couvert êlognées de cinq à six pieds de son parapet.

Nous avons crû que les fossés des Dehors devoient être assés larges & assés profonds, & qu'ils devoient aussi être ouverts dans le grand fossé, & bien vû du corps de la Place s'il se pouvoit, ou au moins par d'autres Dehors tellement couverts & soutenus du feu de la Place qu'ils ne pussent point être attaqués avant les Dehors dont ils défendent le fossé. Nous avons fort blâmé les grands Ouvrages à corne & à couronne, à moins que leurs côtés ne soient tellement soûtenus d'autres travaux, que l'on ne puisse pas couler au long de leurs grandes faces, comme on fait ordinairement pour les venir attaquer par la gorge.

Nous êtions dans le fort de ces raisonnemens,

lors que l'on receut à Paris la nouvelle de la mort de Monsieur de Beaufort & de la reddition de Candie, ce qui donna lieu à une petite disgreſſion qui ne fut pas deſagreable à la Compagnie. On ſe loüoit en même temps de la bonne foy du Grand Viſir, du bon traittement qu'il avoit fait à ceux de la Place & de ſa civilité à l'égard de quelques Officiers François qui y étoient demeurés depuis le depart de l'armée navalle : Et comme il y avoit des gens qui attribuoient toutes ces honêtetés à l'inclination qui pouvoit lui être reſtée pour ceux qui étoient du païs ou ſes Anceſtres avoient pris naiſſance, ſuivant le bruit qui avoit couru que ſon Pere étoit un Renegat François ; Je ne pûs m'empêcher de m'offrir à nos Meſſieurs de les deſabuſer de cette erreur populaire. Sur les inſtances qu'ils m'en firent, je leur dis que le Pere du Grand Viſir qui avoit pris Candie, avoit nom Mehemet Bacha ; qu'il avoit auſſi poſſedé la même charge de grand Viſir avant ſon fils ; que c'étoit le même qui avoit eu le demêlé dont j'ay parlé ci-devant avec Mr. de la Haye Ambaſſadeur du Roy au ſujet de certaines Lettres en chiffre qui avoient été interceptées, & qui lui avoient fait croire que l'Ambaſſadeur étoit ſorti des bornes de ſon devoir par la correſpondance trop partiale qu'il avoit entretenuë avec les Ennemis du Grand Seigneur;

& Que cet homme êtoit *Arnaute* de nation c'eft à dire d'un païs que l'on appelle l'Albanie de la Colchide au pied du Mont Caucafe.

Il êtoit au refte fort fanguinaire & facile à fe mettre en fureur, il avoit quelque chofe de terrible dans le vifage, fes yeux êtoient fi êtincelans qu'ils lui avoient aquis le furnom *d'Atefch* parmi eux, c'eft à dire tout de feu; il avoit les deux dents de devant de la machoire de deffus, d'une fi prodigieufe longueur, qu'elle fortoient de fa bouche, & defcendoient affés bas au deffous de fa levre inferieure.

J'ajoutai que nonobftant tous fes emportemens, la haine horrible qu'il avoit conceuë contre l'Ambaffadeur, & les mauvais offices que les Miniftres de l'Empereur nous rendoient inceffament auprés de lui par la voye de fon Interprete appellé *Panajoti*, qui êtoit auffi à leurs gages; je ne laiffai pas d'être fort bien receu de lui, d'être regalé de prefents de Veftes tant pour moi que pour ceux de ma fuitte, & d'être puiffament folicité de fa part de demeurer auprés du Grand Seigneur pour y refider à la place de l'Ambaffadeur.

Pour revenir à nôtre fujet il faut, dis-je à ces Meffieurs, que je vous regale d'un petit fait d'hiftoire qui nous y ramenera neceffairement, parce qu'il y a beaucoup de relation, auffi bien qu'à ce qui s'eft paffé au Siege de Candie. Ce

fut

fut un bon Vieillard Turc d'Alexandrie qui l'avoit appris de fon Pere , & qui m'en fit le recit lors qu'étant en Levant il y a plufieurs années, j'allois voir les Pyramides d'Egypte. Il me raconta; Que lors que le Grand Solyman fut arrivé devant Rhodes pour l'affieger , il fit appeller fes principaux Officiers pour fçavoir leur fentiment fur les manieres de l'attaque , & ce que chacun d'eux voudroit faire pour venir bien-tôt à bout de cette entreprife. La propofition avoit de fi grandes difficultés par elle-même , que le Grand Seigneur ne receut point de fatisfaction des raifonnemens qu'ils lui firent : Et comme il étoit couché , à la maniere des Turcs , fur des carreaux au fonds de fon Soffa , & que les autres êtoient debout au delà du marchepied , il leur dit affés brufquement: *Venez-ça*, dit-il , *vous qui n'aves point trouvé le fecret de vous approcher de la Ville de Rhodes; auriés vous au moins celui de vous approcher de moi fans mettre le pied fur le tapis de mon Eftrade ?* Et n'attendant pas qu'ils fuffent fortis de l'embaras où la nouveauté de cette queftion les avoit mis , il fit figne à deux Efclaves, qui fuivant l'ordre qu'ils avoient eu auparavant de lui , prirent le tapis par les bords, & le roulerent devant eux au long de l'Eftrade jufqu'aux pieds du Grand Seigneur ; qui dit à lors à fes Capitaines en voix de Maître ; *Voila*, ce

D

dit-il, le secret de vous approcher de moi sans marcher sur le tapis ; servez vous en pour vous approcher de la Ville de Rhodes ; faites rouler devant vous toute la terre qui vous separe, & renversés tout ce que vous trouverés en chemin qui vous arrête.

C'est aussi ce que les Turcs ont pratiqué au Siege de Candie, dont le terrain a été bouleversé millefois par les approches, contr'approches, tranchées, retranchemens, coupures, traverses, batteries, & redoutes ; par les sappes, mines, contremines, fourneaux, fougades, bombes, petards ; & enfin par toutes les manieres imaginables de remuër la terre par la force d'une infinité de bras & de feux. J'apprens même que la terre qu'ils ont trouvée dans les Dehors qu'ils ont pris, leur à épargné la peine & le temps d'en apporter de bien loin, & qu'ils en ont tiré de tres grands avantages pour leurs approches.

Il faudroit donc à ce conte, dit à lors un de la Compagnie, que l'on ôtât toute la terre des environs d'une place, si l'on vouloit qu'elle pût resister à cette furieuse maniere d'attaquer des Infideles. Je ne sçai pas, lui dis-je, si cela suffiroit pour les arrêter absolument, mais au moins je suis assuré que cela les obligeroit à apporter de bien loin dequoi se couvrir. Et comme les Logemens qui s'élevent au dessus du rés de

chauſſée ſont bien plus expoſés & plus faciles
a être rompus par le canon du dedans , que
ceux qui ſont creuſés au deſſous ; Je ne doute
pas que cela ne leur fît perdre beaucoup plus
d'hommes & de temps , & qu'ils ne trouvaſſent
beaucoup plus d'obſtacles de cette maniere
que de l'autre.

C'eſt pour cette raiſon que je ne ſçaurois
blâmer le ſentiment de ceux qui veulent que
l'on enlêve tout le terrain des environs de la
Fortereſſe à la portée du mouſquet juſqu'à l'eau
ou juſque ſur le roc, s'il eſt poſſible ; ou qu'on
l'ôte au moins à la hauteur de trois ou quatre
pieds , rempliſſant le vuide de pierres & de
cailloux recouverts ſeulement d'un pied de terre. Je mettrois volontiers ce Conſeil en uſage
au tour des Places que j'aurois à fortifier , à la
portée du mouſquet ſi je pouvois, ou au moins
dans toute l'étenduë de mon eſplanade , & de
la partie du foſſé qui eſt entre la Cunete & la
Contr'eſcarpe à l'endroit des faces des baſtions.
Et ſi je n'avois pas la comodité de le faire à
temps, je ferois à tout le moins, ſur la nouvelle
des approches des Ennemis, ficher des pieux
dans ces endroits le plus prés l'un de l'autre &
le plus avant que je pourrois , dont je recou-
vrirois les têtes avec un peu de terre.

Il ſeroit bon aux places voiſines des foreſts
que le corps de l'eſplanade & le fonds du foſ-

fé fussent faits ou remplis d'arbres couchés &
entrelassés avec leurs branches & recouverts de
terre & de cailloux par dessus. Il ne seroit pas
moins avantageux que le fossé & la Contr'escarpe fussent pleins de Caponieres & de Logemens cachés ; Que tout fut contreminé dans
les ramparts de la Place , dans la fausse - braye ,
dans le fossé , dans les Dehors & dans la Contr'escarpe ; Que les Contremines fussent de differentes profondeurs & à differens étages ; &
Qu'il y eût des rameaux de mine assés avant
sous terre , qui s'étendissent bien loin dans la
Campagne , pour repondre à des endroits co-
nus , afin d'en pouvoir tirer de là d'autres au
besoin sous les principaux ouvrages de l'attaque
des Ennemis.

Aux Places qui sont sur le roc vif, j'aimerois
beaucoup mieux escarper en precipice, les iné-
galités qui se rencontrent aux avenuës , que de
m'amuser à y construire des travaux pour les
fortifier ; parce qu'ils peuvent servir de degrés
ou de marches pour les approches des Ennemis
quand ils s'en sont rendus les maîtres. Je ne
voudrois point qu'il y eût plus de terre dans
les Dehors qu'autant qu'il en faut pour une
épaisseur raisonnable de rampart. Il y a même
certains Dehors , & particulierement ceux qui
sont peu veûs de la Campagne , que je ne voudrois faire que de maçonnerie bien solide de

trois ou quatre toifes au plus d'épaiſſeur , avec
un parapet de ſix pieds ſeulement de large de
même matiere.

Tous ces Meſſieurs qui s'étoient accordés
juſque-là, à tout ce que j'avois dit, s'écrierent
lors que je parlai de parapets de pierre de maçonnerie; mais ils en tomberent d'accord, aprés
que je me fus mieux fait entendre. L'uſage des
parapets , leur dis-je , n'eſt que pour tenir à
couvert les Soldats qui ſont pour défendre la
Place. On les fait ordinairement de terre dou-
ce, & de l'épaiſſeur de dixhuit ou vingt pieds au
moins , afin qu'un coup de Canon ne les perce
point d'abord & ne faſſe point d'éclats , qui
font le plus ſouvent beaucoup plus de mal
que le coup même. Voila les avantages que
l'on tire des parapets de terre. Mais ſi l'on
conſidere que cette grande épaiſſeur occupe
beaucoup de terreplein, qu'elle recule la défenſe , qu'elle empêche que l'on ne puiſſe rien
voir ni rien défendre de front dans le foſſé ,
& que les Ennemis s'y logent facilement & y
conduiſent des tranchées par demi ſappes à
droite & à gauche de la breche vers les retranchemens quand ils ſont logés ſur le haut du
baſtion ; Il me ſemble que ſi l'on pouvoit donner la même ſeureté aux Soldats par des parapets de moindre épaiſſeur , on pourvoiroit à
ces inconveniens.

D iij

Or je dis, comme je l'ai vû par experience, qu'un parapet de maçonnerie de briques ou de pierres de mediocre grosseur bien fait & bien rassis de six pieds seulement d'épaisseur, avec trois pieds de terre battuë & bien affermie par derriere, qui font neuf pieds en tout, peut faire autant de resistance qu'un parapet de terre seule de dixhuit pieds ; Et qu'il n'y a rien à craindre pour les éclats à cause des trois pieds de terre qui sont par derriere. Outre que les coups qui donnent dans le glacis du parapet, à moins qu'ils ne plongent de haut en bas, rejaillissent tous, & font un bond par dessus. Je dis qu'il faut que la maçonnerie soit bien rassise, c'est à dire qu'il est necessaire qu'elle ait eu le temps que tout le mortier du dedans se soit parfaitement seiché & endurci; Car autrement celle qui n'a point fait toute sa prise, ne fait presque point de resistance.

Ce fut dans la suitte de ces raisonnemens que nous approuvâmes la proposition de Mr. de Pagan qui veut dans sa Fortification que l'on donne, comme il dit, peu de largeur au rampart des faces de ses bastions, & que l'on y en fasse de secondes en dedans paralleles aux premieres, & separées d'elles par un fossé ; tant parce que la défense en est ainsi multipliée par des retranchemens tous faits, que parce que

l'on eſt ainſi plus proche pour aller au devant des mines & des fourneaux.

Je voulois ajouter que ce qu'il y avoit de
meilleur dans ſa maniere de fortifier étoit, à
mon ſens, d'avoir donné tant de grandeur à
ſes flancs, & d'avoir reduit tout ſon feu à la
défenſe droite ; lors qu'un de ces Meſſieurs me
demanda en riant d'où me venoit cette averſion
ſi grande que j'avois conceuë contre la défenſe
oblique ? C'eſt, lui dis - je, parce que je n'ai
guere vû de gens qui fuſſent bleſſés de ſes coups.
Et ſi vous voulez y penſer ſerieuſement, &
nous dire de bonne foy ce que vous en ſçavez ; Je ſuis ſeur qu'il n'y a pas un de vous,
qui dans les Sieges où il s'eſt trouvé, ait re-
marqué que la traverſe du foſſé ait été fort in-
commodée des coups tirés de la courtine &
des ſeconds flancs ; principalement lors qu'on
a eu le ſoin de faire ſur la Contr'eſcarpe une
bonne tranchée parallele à la Place, & de la
bien garnir de mouſquetaires.

Il eſt vrai, dirent-ils ; mais cela vient de ce
que le Soldat ſe contente ordinairement de tirer ſon coup au hazard ſans prendre garde où
il viſe, de peur d'être mouché entre deux paniers, s'il s'amuſoit trop long temps à mirer.
C'eſt bien là une des raiſons, leur repliquai-je,
mais ce n'eſt pas la ſeule ; Il y en a une autre
qui eſt bien plus forte, & dont perſonne juſ-

qu'ici ne s'eſt apperceu ; ce qui fait que je m'en
étonne. C'eſt que le Soldat, quelque aſſuré qu'il
ſoit, ne ſçauroit quand il le voudroit, raſer
du flanc de la Courtine, la face du baſtion
qu'elle regarde, avec ſon mouſquet entre deux
paniers ou entre deux ſacs à terre, poſés à la
maniere que l'on a accoutûmé de les aſſeoir ſur
la creſte du parapet; à moins que l'on ne voulût tenir les trous beaucoup plus larges que
l'on ne les tient d'ordinaire ; ce que je ne voudrois pas conſeiller. Vous n'aurez point de peine à comprendre ce que je dis, ſi vous con-
ſiderés que l'épaiſſeur ou la largeur du pied des
paniers mis l'un prés de l'autre, ne laiſſe point
de paſſage au mouſquet, qu'autant qu'il en
faut pour tirer devant ſoi, & quelque peu à
droite & à gauche ; mais jamais tant, que l'o-
bliquité de l'angle de la défenſe le demande. Je
ſçai bien qu'il y a des remedes pour cela ; mais
comme ils ne ſont point encore dans l'uſage
ordinaire, vous me permetrés cependant de ne
pas avoir pour cette eſpece de flancs toute l'e-
ſtime que les Maîtres du metier ont témoigné
d'en avoir par le paſſé.

Je finis ce long raiſonnement, en leur mon-
trant la medaille que j'avois apportée depuis
peu d'Angleterre, dont l'empreinte étoit une
nouvelle maniere de Fortification : Nous n'en
fimes pas pourtant beaucoup de cas, lors que
nous

nous l'eûmes examinée par ce que nous conû-
mes que ce n'étoit qu'une pratique plus facile
de la seconde maniere de M^r. de Pagan. Ces
Messieurs ne firent pas le même Jugement de
la nouvelle Fortification de Mayence , dont
j'avois gardé le dessein pour le dernier, & comme
on dit pour la bonne bouche. Ils ne pouvoient
se lasser de l'admirer ; Et s'ils avoient crû qu'elle eût pû être employée sur toutes sortes de
Polygones , ils n'auroient pas balancé de la
preferer à toutes celles dont nous avons eû la
conoissance jusqu'à present.

Ce fut alors que je ne pûs m'empêcher de
leur dire que tout cela ne me satisfaisoit point
entierement ; & que si je voulois donner l'essor
aux pensées qui me rouloient depuis long-temps
dans l'esprit sur cette matiere , je leur dirois
des choses dont ils feroient sans doute surpris:
Des choses, dis-je, si extraordinaires, & tellement au dessus de ce qui s'en est dit jusqu'à
nous , que je n'ozois en parler de peur de
passer pour Visionaire.

En effet, leur dis-je , Quel sentiment auriés-
vous d'un homme qui se vanteroit d'avoir trouvé le moyen de défendre le passage de son
fossé avec cent à six vingts pieces de canon
& deux mille mousquetaires dans l'étenduë
de ses flans droits en certaines Places , & jamais avec moins de trente pieces & de cinq

E

cens mousquetaires aux moindres , comme est
le Quarré ? d'ôter aux Ennemis le moyen de
battre les flancs ? & de donner aux Dehors plus
de feu de défense , que les meilleures de nos
Fortifications n'en ont jusqu'ici donné aux
corps de leurs Places.

Si un autre , dirent - ils , nous parloit de
cette maniere , nous aurions peine à nous empêcher de le prendre pour un chimerique : Mais
comme nous sommes dans un autre sentiment
à vôtre égard , nous voulons seulement vous
dire que nous avons beaucoup d'impatience
que vous nous parliés plus clairement.

Je fus donc obligé de leur faire un craïon
de ma pensée , & de leur dire en gros & con-
fusement ce que j'avois inventé de plus particulier. Je ne parlerai point de l'êtonne-
ment où ils se trouverent d'abord ; Je dois seule-
lement dire , qu'aprés que j'eu pris un peu de
temps pour y faire reflexion , ils ne me laisse-
rent plus en repos que je n'eusse donné quelqu'ordre aux choses dont je ne les avois entre-
tenu qu'en passant & par lambeaux.

Ils ne considererent point que j'êtois alors
comme accablé d'autres affaires ; qu'outre l'ouvrage des Portes que l'on vouloit construire
de neuf à Paris, dont j'avois fait déja plusieurs
desseins selon la diversité des Idées qui m'en ve-
noient , & l'obligation necessaire de me trouver

deux jours de la femaine aux Affemblées de l'A- cademie Royale des Sciences ; Il faloit prepa- rer ce que j'avois à dire à l'ouverture de celle que le Roy avoit en ce temps - là établie pour l'Architecture , dont il avoit eu la bonté de me donner la direction fous les ordres de Monfieur le Sur-Intendant General de fes bâtimens. Ils me forcerent, nonobftant tout cela, de mettre mes penfées nouvelles fur la Fortification par écrit & en l'état que l'on verra en fuitte de ce difcours, à qui je donnai le nom *de Nouvelle Maniere de Fortifier les Places*. J'y joignis même les figures que je crûs être neceffaires pour en donner l'Intelligence , fans y parler d'autre chofe que de ce qui faifoit precifement à mon fujet.

Cela fit affés d'éclat ; Et fuivant le fort ordinaire des nouveautés qui ont quelque chofe de furprenant , celle-ci trouva d'abord fes Envieux. Il y en eut qui dirent fans la conoître, que ce n'étoit rien qui vaille ; Que ces fortes de Propofitions fe faifoient tous les jours , & étoient tous les jours rebutées. D'autres difoient que la dêpenfe en feroit fi exceffive , que la richeffe d'un Etât ne pourroit fuffire qu'avec peine à la Fortification d'une Place. D'autres contant les embrafures de chaque flanc, demandoient où l'on pourroit trouver tant de Canons pour garnir ces Places , puifqu'il n'en faudroit pas moins de deux milles pour une de douze baſtions ſeulement ; ne comprenans point que les embrazures ne determinent pas le nombre , mais bien l'endroit où l'on peut mettre du Canon ſuivant le beſoin que l'on en a , ſoit pour rompre le travail des Ennemis , ou pour ſe rendre ſuperieur aux batteries de ſon attaque ; Ce qui ne ſe fait pas ſur toutes les faces des baſtions d'une Fortereſſe tout à la fois.

Je ne rapporterai point diverſes autres extravagances qui furent avancées ſur le même ſujet : mais je dois dire que ſi cette maniere eut ſes Jaloux , Elle eut auſſi ſes Partiſans & ſes Protecteurs en aſſés grand nombre ; Et Meſſieurs de l'Accademie Royalle des Sciences en firent une telle eſtime qu'aprés l'avoir approuvée , ils firent mettre dans leurs Regiſtres le diſcours & le deſſein que je leur en avoit fait voir. D'ailleurs Monſieur le Comte Todt Marêchal & Ambaſſadeur de Suede , Monſieur le Marquis de S. Maurice Ambaſſadeur de Savoye , & pluſieurs autres perſonnes de grande qualité , qui nous faiſoient ſouvent l'honneur de ſe trouver à nos Conferences , en parlerent en tant de lieux & avec tant d'exageration , qu'ils firent venir l'envie à pluſieurs autres de s'en inſtruire.

Monſieur le Marquis de Louvois luy donna hautement ſon approbation aprés qu'il m'eut fait l'honneur de m'entendre. Son Alteſſe Se- reniſſime Monſeigneur le Prince voulut en ſça-voir juſqu'aux moindres particularités , qu'il examina ſur le diſcours & ſur le deſſein à ſa maniere , c'eſt à dire dans la derniere exactitu-de. Et l'on peut dire , que tout ce qu'il y peut avoir de bien & de mal y fut ſoigneuſement remarqué ; Il me fit mille belles objections ſur la largeur du foſſé , ſur la quantité de la terre qu'il y faut foüiller , ſur la hauteur de celle des baſtions, ſur les parapets de maçon-nerie , ſur le terrain que je laiſſe entre la Cu-nette & la Contr'eſcarpe, ſur les fauſſes brayes, ſur les Contremines que je fais dans l'épaiſſeur des contregardes , & ſur mille autres choſes de cette nature.

Il me fit voir un grand eſpace dans la cam-pagne au delà de mon Eſplanade , d'où l'on pouvoit battre mes grands flancs par le travers entre la Demi-lune & la Contregarde. Mais il approuva que je couvriſſe ce paſſage avec des Lunetes de pareille maçonnerie que celle des Contregardes ; *non pas* me dit-il , *que je croye que ces Ouvrages ſoient de grande défenſe ; mais ſeulement parce qu'ils nous couvrent tant qu'ils ſont à nous , & qu'ils ne peuvent ſervir de rien aux Ennemis aprés les avoir pris.*

Il loüoit ſur tout la facilité que cette prati-que fournit aux faces des baſtions de ſe voir,

& de se défendre l'une l'autre de revers & dans le dos des brêches. Il voyoit bien que tous les Ouvrages que l'on a accoutumé de faire au dehors & au dedans des Places fortifiées suivant les autres manieres, pouvoient aussi servir pour augmenter la défense de celle - ci. Il étoit persuadé qu'elle pouvoit être facilement employée aux Places irregulieres. Mais il fut extrememement surpris lors que je lui fis voir sur le dessein, la facilité incroyable que j'avois de reduire à ma maniere toutes les Places fortifiées suivant les differentes metodes des autres Ingenieurs, pourveu seulement qu'elles eussent un second flanc ; & cela sans rien changer aux faces des bastions, ni aux fossés, ni même aux Dehors.

Il demeura ensuitte quelque temps sans parler, ayant les yeux arrêtés sur mon dessein, puis il me fit l'honneur de me dire ces mots de la maniere la plus obligeante du monde ; *Voila, me dit - il, une Fortification tout a fait nouvelle & extraordinaire, & c'est peut-être là tout ce que l'Art y peut apporter de meilleur : Mais comme les bastions ne se défendent pas tout seuls, il faut ici beaucoup d'hommes & beaucoup de Canons ; Il y faut un Gouverneur & des Officiers entendus, & sur tout des Magazins inépuisables de toutes les choses dont on peut se servir dans un Siege, si l'on veut profiter des avantages de la*

*dispoſition & de la conſtruction des parties forti-
fiées. Ce qui fait que je ne voudrois pas conſeiller
que l'on fortifiât indifferemment toutes ſortes de
Places en cette maniere, parce qu'il y en a de tel-
les qui par la foibleſſe de leur défenſe ſe pourroient perdre aiſément, en donnant une trop grande facilité aux Ennemis de rompre les flancs, à
cauſe de leur ouverture, & qu'il ſeroit difficile de
recouvrer dans la ſuitte, aprés que les Ennemis
auroient pourveu à tout ce qui leur auroit manqué.
Ie voudrois ſeulement, dit - il, qu'elle fut employée ſur certaines Places que l'on appelle des
Clefs du Royaume, comme à Dunkerque, dont on
a, dit - il, envie de changer la Fortification, à
Briſach, à Perpignan & à Pignerol, qui ſont
Places de grande étenduë, & que l'on peut pourvoir abondament de toutes choſes.*

Je ne dois pas oublier de dire que s'êtant
fait montrer en ſuitte divers deſſeins d'Architecture que j'avois faits pour la conſtruction
des Portes neuves de la Ville de Paris, il en
avoit juſtement mis à part les deux qui ont
été depuis executés, à la Porte S. Denis & à celle
de S. Bernard ; en quoy l'on a rendu l'honneur
qui êtoit dû à ſon choix.

Il arriva quelque temps aprés que ſur les
Lettres que le Comte Todt avoit écrites à ſes
amis à Stockholm au ſujet de ma Nouvelle
maniere, diverſes perſonnes de qualité de ce

païs - là, de qui j'avois l'honneur d'être connû particulierement , prirent occasion de parler si avantageusement de moi au Roy de Suede, qu'il envoya aussi-tôt ordre à son Ambassadeur de s'informer si le Roi voudroit bien permettre que je fisse encore un voyage auprés de sa Majeste Suedoise , pour y servir en qualité de son Precepteur principalement pour les Mathematiques. Le Comte Todt me fit l'honneur de me le dire , & d'en parler dans ce sens à Monsieur de Pompone , à Monsieur le Duc de Noailles & à plusieurs autres personnes de sa conoissance.

Mais sa Negociation fut interrompuë ; parce que Monsieur le Duc de Noailles , ayant dans le même temps fait voir au Roi quelques desseins de ma nouvelle Fortification qu'il avoit eus de moi , & les ayant accompagnés de ses bons offices , dont il a toûjours été prodigue en mon endroit, Sa Majesté preoccupée d'ailleurs par la relation de Monseigneur le Prince , Et parce que Monsieur de Louvois lui en avoit dit , voulut que j'eusse l'honneur de l'en entretenir moi-même.

J'avois heureusement fait preparér un assés grand modele en bois bien travaillé d'une Tenaille fortifiée à ma maniere , que je presentai à sa Majesté avec le livre que je m'étois donné l'honneur de lui dedier. Il m'accorda
une

une audiance la plus favorable que j'euſſe pû ſouhaiter, & j'eus le temps de lui tout dire & de m'êtendre ſur le detail de mon deſſein juſqu'aux moindres particularités : il me propoſa diverſes difficultés que je fus aſſés heureux de lui reſoudre d'une maniere dont il parut ſatisfait. En un mot il y prit un ſi grand plaiſir & temoigna tant d'eſtime pour le preſent que je lui faiſois, que j'en reſſentis auſſi-tôt un effet tres conſiderable.

Il parla fort avantageuſement de mon ouvrage le ſoir du même jour à ſon petit couché, & dit enſuite à Monſieur le Duc de Montauſier qu'il croyoit ne pouvoir mieux faire que de lui accorder ce qu'il lui avoit demandé tant de fois avec empreſſement, qui êtoit de me mettre auprés de Monſeigneur le Dauphin pour Maître de Mathematique.

Il eſt juſte que je donne en cet endroit quelque marque de ma reconoiſſance, pour les obligations extraordinaires que j'ay à Monſieur le Duc de Montauzier : Car ce Seigneur ayant conceu quelque eſtime pour moi, n'a jamais ceſſé de s'employer avec chaleur en toutes occaſions pour me faire plaiſir & particulierement en celle-ci, dont le ſuccés lui a donné beaucoup de joye.

Au reſte, quoi que la grace que le Roi me

F

faiſoit en me confiant cet emploi, fût tres grande; Je puis dire neanmoins qu'elle reçeut un
accroiſſement notable par les paroles qu'il me
fit l'honneur de me dire lors que je fus pour
le remercier. C'étoit à ſon levé, où lui ayant
êté preſenté par Monſieur de Montauſier &
lui faiſant une profonde reverence, il me dit
en preſence de mille perſonnes, *qu'il m'avoit
choiſi pour enſeigner les Mathematiques à ſon fils
parce qu'il étoit perſuadé que j'étois, en cela, le
plus habile homme de ſon Royaume.*

Il ne faut pas s'imaginer que je ſois aſſés im-
pertinent pour tirer de la vanité de ce diſcours : La principale étude que je fais depuis
pluſieurs années eſt celle de me connoître moi-
même : Ainſi je ne donne pas dans la foibleſſe
de la preſomption. Mais auſſi ne ſuis-je pas aſſés
imprudent pour cacher, ſous pretexte d'une
ſotte humilité, des paroles ſi avantageuſes, &
qui peuvent ſervir d'un têmoignage irrepro-
chable, que j'ai eu au moins quelque part en
l'eſtime du plus grand Roi du monde.

Je ne dois pas oublier, que m'ayant commandé peu de jours aprés, de lui porter un
crayon & du grand papier qu'il êtendit lui-
même ſur le devant du modelle ; il paſſa toute
une ſoirée à y marquer la forme d'une attaque
qu'il avoit meditée pour s'approcher de mes

baſtions. J'admirai la conduite de ſes tranchées, la ſituation de ſes épaulemens , & de ſes Places d'armes , la diſpoſition de ſes batteries : car en verité tout y êtoit tracé en Maître du mê-tier. Et comme il m'eût ordonné de lui dire ce que je voudrois faire pour m'y oppoſer , ſi j'avois à défendre la Place ; il prit beaucoup de plaiſir à voir toutes les differentes eſpeces de coupures & de contr'approches que je lui traçai pour aller au devant de ſes travaux à la Campagne , & pour enfiler ſes tranchées de toutes parts. Surquoy Monſieur qui êtoit pre-ſent lui ayant dit que tout ce que je faiſois n'êtoit que chicane , il répondit que cela êtoit bien vrai ; mais que c'étoient ces chicanes qui conſervoient les Places & ruinoient les armées des Aſſiegeans. Il parut avoir beaucoup de ſa-tisfaction des Ouvrages que je traçai pour le recevoir à la Contr'eſcarpe , à la deſcente du foſſé , ſur le bord de la Cunette , dans les De-hors , & en tous les autres endroits où il faloit qu'il fit neceſſairement paſſer ſes approches.

C'eſt alors qu'il me dit , qu'ayant deſſein de faire fortifier quelques unes de ſes meilleu-res Places à cette maniere , il n'êtoit pas juſte que les Etrangers en puſſent profiter les pre-miers ; Et qu'ainſi il êtoit d'avis que cet Ou-vrage demeurât dans le ſecret ſans qu'il en pa-

F ij

rut rien en Public au moins jufqu'à ce qu'il en
eût autrement ordonné. Le livre que je com-
pofai deux ans aprés, & dont je prefentai le
manufcrit à fa Majefté, fous le titre *de l'Art de
jetter les Bombes*, eut le même fort : Car aprés
avoir témoigné de la fatisfaction de mon travail,
il me défendit de le faire imprimer, par ce
qu'il ne voulut pas que les Ennemis qu'il avoit
alors, s'en puffent fervir contre lui pendant
la guerre. Auffi ce n'a été feulement qu'aprés
la conclufion de la Paix, que fa Majefté m'ayant
fait l'honneur de me dire qu'Elle êtoit fatisfai-
te de la conduite que j'avois tenuë auprés de
Monfeigneur le Dauphin ; Elle me comman-
da de joindre ces deux Traités à tous les autres
que j'avois compofés pour fon inftruction &
de les donner au Public.

Voici donc celui de la *Nouvelle maniere de
Fortifier les Places*, qui y va paroître tout tel
qu'il eft dans le manufcrit que j'ai prefenté au
Roi, à la referve de deux feüilles que j'y ai
ajoutées, dont la premiere eft un deffein de
la Ville de Maeftricht avec fes ancienes Fortifications, fur lefquelles fa Majefté m'ordonna
d'appliquer la mienne peu de temps aprés l'avoir
prife. L'autre eft un deffein que mes amis ont
voulu que j'y ajoutaffe, pour faire voir avec
quelle facilité je reduis à ma maniere, toutes

les Places deja fortifiées, pourveu qu'elles ayent
du second flanc, sans y rien changer, ni aux
faces des bastions, ni aux fossés, ni même aux
Dehors.

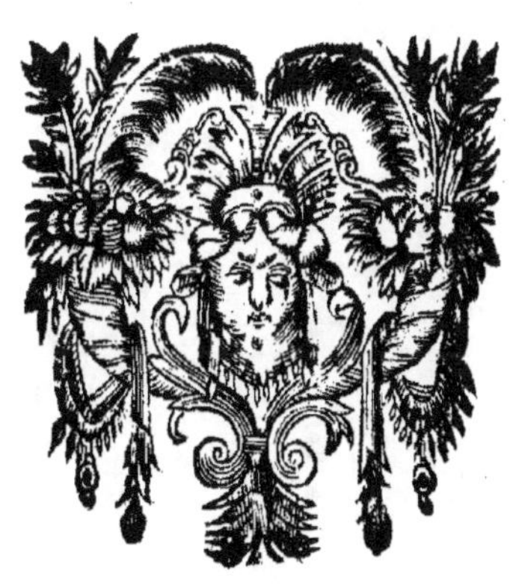

F iij

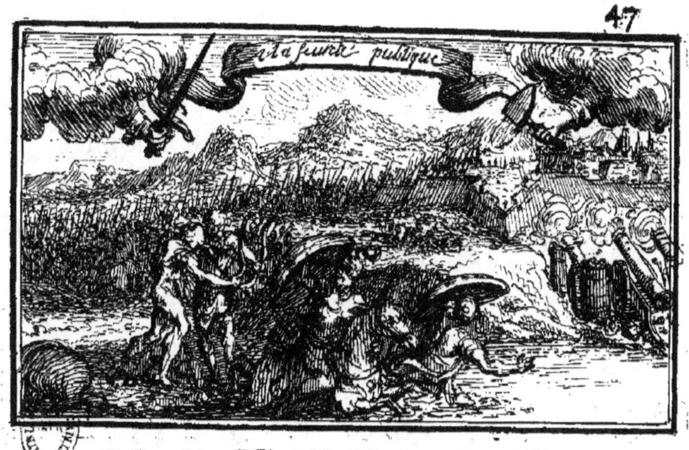

NOUVELLE
MANIERE
DE
FORTIFIER LES PLACES.

SECOND DISCOURS.

L E ROY a témoigné dans son dernier voyage de Flandres, qu'il prenoit beaucoup de plaisir à entendre raisonner sur l'Art de Fortifier les Places ; Il fait travailler à toutes les Villes qu'il a conquises depuis peu , & en divers endroits du Royaume ; Plusieurs personnes ont pris la li-

berté de difcourir fur ces travaux : Ainfi j'ay
crû qu'il ne me feroit point défendu d'en écri-
re mon fentiment, n'ayant pas eu l'honneur de
le dire en prefence de fa Majefté.

Je ne fçay fi l'on approuvera les veuës nouvelles que je puis avoir fur ce fujet : mais peut-
être devrois - je avoir quelque petite conoif-
fance dans cet art, puifque j'ay étudié les Fortifications toute ma vie, que j'ay vû ce qu'il
y a de Places fortifiées en toutes les parties du
monde, & que j'en ay remarqué foigneufement
la force & la foibleffe. D'ailleurs j'ai fervi en
plufieurs Sieges tant en attaquant qu'en dé-
fendant, en qualité d'Ingenieur. Et je fuis
monté par tous les Degrés aux charges de la
Guerre, où j'ay connu la difference qu'il y a
entre tirer des lignes fur le papier ou les tracer
fur la terre en prefence des Ennemis.

En toutes ces rencontres l'experience m'a
fait voir que l'Art de la Guerre n'a pas trouvé
tant de moyens pour défendre les Places que
pour les attaquer ; J'ai medité long-temps pour
inventer quelque genre de Fortification qui
ôtat aux Affiegeans la force qu'ils tirent du
nombre d'hommes & de Canons, & qui don-
nât aux Affiegés un efpace à mettre plus d'Artillerie & un avantage capable de fupléer au
petit nombre d'hommes.

Mais comme ce que j'ay imaginé la deffus
eft

eſt nouveau , je ne doute pas qu'il ne m'attire
d'abord la cenſure de pluſieurs perſonnes ; Et il
eſt vrai auſſi qu'il n'y a rien de plus dangereux
que d'inventer quelque choſe contraire à un
uſage receu : C'eſt pourquoi je ne pretens pas
donner ici mon avis comme une regle certaine,
ce ſont de ſimples penſées qui ne laiſſent pas
d'avoir leur fondement , & qui peuvent être
utiles ſi on les examine ſans prevention.

Mais pour les rendre plus intelligibles il faut
prendre la choſe de plus haut & remonter juſqu'aux premiers principes de l'Art.

La premiere regle des Fortifications eſt celle-ci , *Toutes les parties de la Place doivent être
flanquées.*

La ſeconde *la ligne de défence ne doit pas ex-
ceder la portée du Mouſquet.*

Et la troiſiéme *Toute la Fortification, & particulierement celle des flancs, doit être aſſés forte pour
reſiſter au Canon des Ennemis.*

Ces trois Regles ont fait naitre les trois prin-
cipales manieres de Fortifier , que l'on appelle
à l'Italienne, à la Françoiſe & à la Hollandoiſe.
Les Italiens qui ont commencé à bâtir au
temps que les brêches ſe faiſoient à coups de
Canon , ont voulu entr'autres choſes que la
pointe de leurs baſtions contint neceſſairement un angle droit , parce qu'ils ont crû que
leur maſſe reſiſteroit mieux à la force de l'Ar-

tillerie , & ils ont fait leurs demigorges &
leurs flancs de la sixiéme partie du côté inte-
rieur de leur Polygone & perpendiculaires à la
Courtine , pratiquant des Orillons & des Places hautes & basses pour la défense de leur
fossé.

Les François, s'étant apperceus que les flancs
étoient facilement rompus par les batteries que
les Ennemis ont acoutumé de loger sur la Contr'escarpe opposée , crurent premierement les
mieux couvrir en les contournant de travers
aux Ennemis & les faisant perpendiculaires à
la face du bastion : Mais comme ils reconûrent
la foiblesse de la défense oblique , & qu'il ne
suffisoit pas qu'un flanc fût couvert s'il ne de-
couvroit lui même ce que les Ennemis peuvent
faire dans le fossé ; ils changerent aussi - tôt cette pratique & firent leurs flancs perpendiculaires à la courtine ainsi · que les Italiens ,
donnant à l'angle flanqué les deux tiers de
celui du Polygone.

Les Hollandois ne se font pas souciés que
leur angle flanqué fût aigû , pourveu qu'il ne
le fût en sorte que la pointe en pût - être trop
aisement rompuë à coups de canon ; Et ils le
font ordinairement en ajoutant 15 degrés à la
moitié de l'angle du Polygone , & proportionant en suite leur courtine , leur face & leur
flanc , de maniere que la courtine soit double

de la face, & celle-ci double de flanc. Ils s'at- tachent principalement à donner à leur face le plus de flanc en Courtine qu'il leur est possible, sans Orillons ni Places basses, mais avec une fausse-braye.

Cette maniere de pratiquer des seconds flancs seroit bonne si, outre l'incomodité de la défense oblique, l'Angle rentrant de la Contr'escarpe n'ôtoit pas au flanc la veuë de la face opposée, lors que les fossés sont de raisonnable largeur. Mais ce défaut est si ordinaire aux Places les plus considerables qui sont baties sur cette maniere, que je suis surpris de la reputation qu'elle s'est aquise; puis qu'il semble que les flancs n'y soient faits pour aucun usage, & que les faces ne doivent être défenduës que d'un petit endroit de la Courtine.

Quoi que ces manieres ayent été produites & mises en pratique par de grands hommes, & qu'elles ayent eu jusqu'ici l'approbation de ceux qui s'entendent à la défense des Places; Neanmoins le peu de resistance que les mieux fortifiées ont faite dans les Guerres dernieres, & particulierement au voyage que le Roy fit il y a quelques années en Flandre, à fait croire que la science d'Attaquer s'êtoit infiniment avancée au dessus de celle de Fortifier, & que supposant la vertu & l'industrie égale, & le reste proportioné entre les assaillans & ceux qui défendent les Places , la condition de celui qui affiege eft beaucoup plus avantageufe que l'autre.

Mr. de Pagan , raifonnant fur ce même principe , avoit propofé une maniere de Fortification qui en effet vaut infiniment mieux que les ordinaires , faifant fes flancs d'affés belle grandeur , perpendiculaires à la ligne de défenfe & capables de trois batteries l'une fur l'autre. Et la medaille qui a paru il y a quelques années en Angleterre ne contient qu'une pratique aifée de fa moyenne fortification.

Mais il n'a pas, ce me femble, tiré toute la défenfe que la difpofition de la Figure peut donner ; Et comme je fuis perfuadé que *les Places ne fe perdent que faute de flancs*, foit qu'ils foient rompus par les batteries des Contr'efcarpes, foit qu'ils foient trop petits d'eux mêmes , ou tellement embaraffés qu'ils ne decouvrent pas bien les faces des baftions qui leur font oppofées.

J'ay penfé à fournir une maniere qui *augmente extraordinairement la grandeur des flancs & des demi - gorges pour y faire plufieurs batteries , qui decouvre entierement le foffé , qui ôte aux Ennemis le moyen de faire fes batteries fur la Contr'efcarpe , qui défende auffi fortement les Dehors que les foffés du corps de la place , & qui n'alonge point la ligne de défenfe.*

Pour cet effet j'ôte un angle droit de celui de la figure, & je prens le tiers du reste, que j'ajoute à 15 degrés pour en faire mon angle diminué, sur qui je tire les côtés de ma tenaille, dont je prens la moitié de part & d'autre pour les faces de mes bastions ; puis ayant divisé le côté exterieur en dix parties égales, j'en prens sept que je rapporte sur les côtés de ma tenaille à commencer à l'angle du bastion, pour faire mes lignes de défense, dont je joints les extremités par une droite qui fait ma courtine ; & des mêmes extremités vers celles des faces opposées, je tire les lignes de mes flancs ; Et ma tenaille se trouve par ce moyen fortifiée de deux faces, de deux flancs & d'une courtine.

Par cette pratique l'angle flanqué ou du bastion est au Quarré de 60 degrés, de 66 au Pentagone, de 70 à l'Hexagone ; Et il s'augmente petit à petit dans tous les autres Polygones jusqu'à la ligne droite, où il est de 90 degrés.

L'Angle flanquant ou de la Tenaille est au Quarré de 150 deg., de 138 au Pentagone, de 120 à l'Hexagone ; Et il diminuë petit à petit dans tous les autres Polygones jusqu'à la ligne droite, où il n'est que de 90 deg.

L'Angle diminué est au quarré de 15 deg., de 21 au Pentagone, de 25 à l'Hexagone ; Et il s'augmente petit à petit dans tous les autres Polygones jusqu'à la ligne droite, où il est de 45 degrés.

L'Angle du flanc sur la ligne de défense est de 107 deg. 47′ au Quarré, de 100 deg. 41′ au Pentagone, de 97 deg. 48′ à l'Hexagone ; Et il diminuë petit à petit dans tous les autres Polygones jusqu'à la ligne droite, où il n'est que de 90 degrés.

L'Angle du flanc sur la courtine est de 122 deg. 47′ au Quarré, de 123. 11′ au Pentagone, de 123. 48′ à l'Hexagone ; Et il s'augmente petit à petit dans tous les autres Polygones jusqu'à la ligne droite, où il est de 135 deg.

Et par ce que je suis persuadé que la ligne de défense ne doit jamais être plus grande de 140 toises, ni plus petite de 120, aux Places que l'on appelle Royales : J'ai pour ce sujet fait deux suppositions que j'appelle *Deux Manieres*, dont la premiere qui est *la Grande* fait son côté exterieur de 200 toises dans tous les Polygones, qui donne par tout 140 toises pour la ligne de défense. Et la seconde *ou la Petite* fait par tout le même côté exterieur de 170 toises, qui donne peu moins de 120 toises pour la ligne de défense. Dans lesquels termes j'enferme tout ce qui se peut fortifier, parce qu'une plus longue étenduë de côté exterieur rend la défense inutile par le trop grand élognement des flancs ;

Et une plus petite diminuë la longueur des flancs & augmente inutilement le nombre des baſtions & la defpenſe.

Dans la Grande maniere , où la ligne de défenſe eſt de 140 toiſes & le côté exterieur de 200.

Le Flanc eſt au Quarré de 27 toiſes , de $36\frac{1}{2}$ au Pentagone, de $42\frac{1}{2}$ à l'Hexagone ; Et il s'augmente proportionellement juſqu'à la ligne droite , où il eſt de $70\frac{1}{2}$.

La demi-gorge eſt au Quarré de $28\frac{1}{2}$ to., de $33\frac{1}{2}$ to. au Pentagone , de 39 à l'Hexagone ; Et elle s'augmente proportionellement juſqu'à la ligne droite, où elle eſt de 100 toiſes.

La Face eſt au Quarré de $51\frac{1}{2}$ to. , de $53\frac{1}{2}$ au Pentagone , de 55 à l'Hexagone ; & elle s'augmente proportionnellement juſqu'à la ligne droite, où elle eſt de $70\frac{1}{2}$.

La Courtine au Quarré eſt de $70\frac{1}{2}$ to. , de $60\frac{1}{2}$ au Pentagone , de 54 à l'Hexagone ; Et elle diminuë petit à petit dans tous les autres Polygones, juſqu'à ce qu'elle devienne à rien à la ligne droite.

Dans la Petite maniere où la ligne de défenſe n'eſt que de 120 toiſes & le côté exterieur de 170.

Le Flanc eſt au Quarré de 23 to., de 31 au Pentagone, de 35 à l'Hexagone ; & il s'augmente petit à petit dans tous les autres Polygones jufqu'à la ligne droite, où il eft de 60 toifes.

La Demi-gorge eft au Quarré de 24 $\frac{1}{2}$ to., de 29 to. au Pentagone, de 32 to. à l'Hexagone ; Et elle s'augmente petit à petit dans tous les autres Polygones jufquà la ligne droite, où elle eft de 85 toifes.

La Face eft au Quarré de 44 to., de 45 au Pentagone, de 47 à l'Hexagone, & elle s'augmente petit à petit dans tous les autres Polygones jufqu'à la ligne droite, où elle eft de 60 toifes.

La Courtine eft au Quarré de 60 $\frac{1}{2}$ to., de 52 to. au Pentagone, de 46 à l'Hexagone ; Et elle diminuë petit à petit dans tous les autres Polygones, jufqu'à ce qu'elle devienne à rien à la ligne droite.

Par où l'on peut premierement, conoitre que cette maniere ne s'êloigne pas beaucoup de la Hollandoife pour l'Angle flanqué, qui eft le même en l'une & en l'autre au Quarré, & qui ne differe aux autres figures, qu'en ce que l'agrandiffement de cet Angle va un peu plus vîte en la Hollandoife où il eft droit au Dodecagone, qu'en celle-ci où il n'eft que de 80 deg, & ne devient droit qu'aux Baftions fur la ligne droite. Et ces differences font de fi petite confequence pour la force ou la foibleffe de la pointe du baftion qu'il n'y a point de raifon de s'y arrêter : Mais au contraire elles agrandiffent

diffent tellement les parties neceffaires à la Fortification , que nous avons eu jufte fujet de
nous fervir plûtôt de cette maniere que d'aucune autre. Ce qui fe peut conoître par la difference de fes parties, qui eft bien plus grande
aux flancs & aux demi-gorges qui font celles
qui augmentent la défenfe , qu'aux faces qui la
diminuent; Celle des flancs ètant de 42 toifes &
demi entre le Quarré & la ligne droite en la
grande maniere & de 37 toifes en la petite; Celle
des demi-gorges de 71 toifes & demi en la grande,
& de 60 $\frac{1}{2}$ en la petite. Comme au contraire la
difference des faces n'eft que de 19 toifes en la
grande maniere & de 16 toifes en la petite.

Ce que l'on pourroit même oppofer que ces
angles aigus de la pointe des Baftions en diminuent la capacité n'eft pas confiderable , puifque la difference de la furface d'un Baftion à
angle droit & d'un autre à angle de 60. deg.,
les faces ètant égales en l'un & en l'autre, n'eft
que d'un huitiéme , qui devient infenfible à 70
deg. & au deffus.

Mes flancs ne font pas par tout perpendiculaires à la ligne de défenfe comme aux manieres de M^r. de Pagan; ils y font un angle un
peu obtus fur les premiers Polygones, & la difference de la perpendiculaire n'eft que de 17
deg. 47' au Quarré , de 10 deg. 41' au Pentagone, de 7, 48' à l'Hexagone ; Et qui devient

H

 infensible au deſſus; En ſorte que c'eſt ſi peu de
choſe, que cela ne donne aucune obliquité conſiderable à la défenſe. Cette difference neanmoins augmente tellement mes demi - gorges,
que je trouve place au Quarré pour trois batteries , où je n'en pourrois faire à peine que
deux ſi l'angle étoit toûjours droit.

J'employe ici toutes les raiſons que Mr de
Pagan rapporte, contre ceux qui craignent la
trop grande expoſition des flancs aux batteries que les Ennemis mettent ſur les Contr'eſcarpes ; Avec cette difference neanmoins qu'il
ne met pour le plus que douze ou treize pieces
dans ſes flancs pour oppoſer à celles des Ennemis , au lieu qu'en certaines Places je pourrois
leur en oppoſer dans les miens juſqu'à cent ou
ſix vint pieces & jamais moins de vint à vint-
cinq aux plus petites.

Mes demi - gorges ſont aſſés grandes pour
trois batteries l'une ſur l'autre , une haute, une
moyenne , & une baſſe en tous les Polygones;
Et même en l'Hexagone & au deſſus, il y a aſſés de place pour y conſtruire des Cavaliers
ſur les allignemens des flancs , ſe ſervant pour
cet effet de la terre des foſſés.

Je ne prens que huit ou dix toiſes dans le
flanc à l'angle de l'Epaule pour me ſervir d'une
eſpece d'Orillon . & j'employe tout le reſte en
flanc couvert pour des batteries ou à loger des

Mousquetaires ; De sorte que j'ay 18 à 20 toises de flanc couvert au Quarré pour chaque batterie, c'est à dire pour neuf ou dix pieces pour chacune, & pour trente ou trente deux pieces pour les trois.

Au Pentagone 26 ou 27 toises de longueur de de flanc couvert, c'est à dire pour treize ou quatorze pieces pour chaque batterie & quarante à quarante cinq pieces pour les trois.

A l'Hexagone 32 où 33 toises de flanc couvert, c'est à dire seize à dix - sept pieces pour chaque batterie & quarante huit à cinquante pour les trois, & dix - huit pieces au Cavalier ; fait soixante huit à septante pieces pour la défense de chaque flanc.

Et ainsi des autres en augmentant jusqu'à la ligne droite où j'ai 60 ou 61 toises de longueur de flanc couvert, qui me peuvent donner place pour trente ou trente deux pieces dans chaque batterie, & plus de quatre vingts dix pieces pour les trois, & jusqu'à cent ou six vints pieces pour tout le flanc compris le Cavalier.

Au Pentagone & au dessus, je retire ma batterie basse de la largeur de 5 ou 6 toises en dedans de la demi - gorge, afin qu'elle soit mieux couverte de l'avance de l'Epaule qui lui sert d'Orillon quarré. Et cette retraite me sert à alonger mes courtines aux Bastions des Polygones de plusieurs côtés, & à en donner une à

H ij

ceux qui font fur la ligne droite , aufquels pour ce fujet je voudrois retirer mes flancs en dedans de dix ou douze toifes de chaque côté , afin d'avoir quatorze ou quinze toifes de courtine.

Mes batteries internes s'êlargiffent au dedans, parce qu'elle font contenuës entre deux lignes, dont l'une eft celle de la défenfe prolongée & l'autre vient en dedans de la pointe du Baftion oppofé & paffe par le coin de l'Orillon, qui par ce moyen me donne place pour cinq ou fix pieces, qui fe trouvent cachées font l'épaule de l'Orillon, que les Italiens appellent *Traditore*, & qui ne peuvent être veuës de la Contr'efcarpe, quoi qu'elles découvrent toute la face du Baftion oppofé & le dedans de la breche que l'on y peut faire. Il eft même impoffible de les demonter par les bricoles à caufe de la longueur du flanc.

Je donne au Plan des batteries du flanc depuis neuf jufqu'à douze pieds de hauteur l'un fur l'autre , c'eft à dire que le plan de la batterie baffe ne fera au deffus du fonds du foffé de moindre hauteur que de neuf pieds ni de plus grande que de douze ; la moyenne pas moins de dix-huit pieds ni plus de vintquatre ; Et le haut du rampart du Baftion , qui eft le même que le plan de la batterie haute, pas moins de vintfept pieds ni plus de trente - fix. Le Cavalier doit être élevé sur le plan du Bastion à la mê-me hauteur de neuf à douze pieds, non comprise celle de son parapet.

Mes parapets sont de trois toises de largeur, de neuf à dix pieds de hauteur aux batteries basses, de six à sept pieds aux moyennes, avec des Embrasures en l'une & en l'autre, & de trois pieds & demi aux hautes. La largeur des plattes formes aux batteries moyennes & basses n'est que de quatre à cinq toises sans le parapet.

La disposition de mes Bastions me donne encore cet avantage, que les faces opposées se voyent l'une l'autre & se défendent de revers d'une défense fichante, & qui découvre le dos des brèches.

Je fais une Demi - lune ou Contregarde à la pointe de chaque Bastion & parallele à ses faces, de maçonnerie solide sans terrain & contreminée par tout, de trois toises & demi ou ou quatre toises de largeur au plus, c'est à dire de six ou huit pieds de parapet & de douze ou quinze pieds de rampart.

Cette Contregarde me sert principalement à oster à la Contr'escarpe la veuë des batteries du flanc opposé, & son peu d'épesseur doit encore empêcher les Ennemis d'y mettre leur canon aprés l'avoir forcée. Ce qui vaut beaucoup mieux que de faire une grande traverse dans le fossé en continuant la ligne capitale de chaque Bastion , puisque ceci n'empêche pas la liberté du fossé , fait l'effet de la traverse pour la couverture des flancs & sert de soi-même à se défendre.

Je mets une autre Demi-lune dans le milieu de la courtine qui couvre entierement les Epaules ou Orillons des Bastions. Et pour en défendre le fossé , je prens dans la face du Bastion l'espace qui le peut voir , dans lequel je fais une batterie basse de cinq à six pieces , & une autre plus reculée en dedans de la hauteur du parapet de la place. Le plan de la batterie basse sera de niveau à celui de la moyenne du flanc , c'est à dire de dix-huit à vint-quatre pieds de hauteur au dessus du fonds du fossé ; Et comme son parapet est de six ou sept pieds, la hauteur est en dehors de vint cinq à trente deux pieds ; qui suffit pour ôter la crainte que l'on peut avoir que la face du Bastion ne se trouve trop affoiblie en cet endroit.

Cette Demi-lune me sert encore à défendre le fossé de la contregarde , & je prens dans sa face tout ce qui le peut decouvrir , ou je pratique deux batteries , l'une haute & l'autre basse en la même maniere qu'en celle des Bastions. Je ne donne de Terreplein à cette Demi-lune qu'autant qu'il lui en faut pour le recul des pieces des batteries , & je laisse le reste du dedans tous vuide pour faire plus aifement des contremines dans le rempart , & pour ôter aux Ennemis le moyen de s'y loger aprés l'avoir forcée.

Dans les angles rentrans de la Contr'efcarpe entre les Contregardes & la Demi - lune , je place des Lunetes de grandeur raifonnable & de maffonnerie folide & pareille à celle des mêmes Contregardes. Ce que je fais pour empêcher que les flancs de mes baftions ne foient veus de travers d'aucun endroit de la Campagne.

Et parce que c'eft dans le foffé où fe doit faire la plus grande défenfe ; je le fais ici de toute la largeur de mon flanc , afin d'y pouvoir loger les Contregardes & leur foffé , proportionant la largeur de l'un & de l'autre en telle forte qu'il en refte fuffifament pour le grand foffé. Et pour faire qu'il puiffe être veu de tout le flanc , je tire des lignes des Angles de l'Epaule à la pointe des Baftions oppofés , qui me determinent les Angles rentrans de mes Demi - lunes , de maniere qu'ils ne me donnent point d'empêchement à la défenfe.

Je mets une Cunette dans mon grand foffé que je fais regner tout à l'entour de la largeur de fept à huit toifes , élognée de cinq ou fix toifes de la Contr'efcarpe , pour ôter aux Ennemis la facilité de la remplir du trou de leur

descente dans le fossé ; laissant le reste au pied
du Bastion pour y pratiquer des retranchemens
& des logemens & disputer le passage aux Ennemis. Elle me sert encore à me garantir de l'in-
sulte que l'on peut craindre du côté des flancs
bas, qui paroissent d'un accés facile. Et pour
en être plus assuré, il ne faut que continuer le
mur de l'enceinte de la place de l'epesseur de
deux pieds par tout le flanc & de la hauteur
du reste, & ce mur pourroit être abbatu dans
le besoin.

Je ne voi rien qui m'empêche de faire encore une Cunette plus êtroite dans les fossés
des Dehors, s'ils ont dix ou douze toises de
largeur, & principalement aux endroits où
l'on a pratiqué les batteries basses dans les faces
des Demi-lunes. Je mets des Coffres & des Ca-
ponnieres dans tous les Angles saillans & rentrans des Cunettes pour en défendre les faces & pour se trouver plus prés aux passages
que les Ennemis pourroient tenter par dessous
terre.

Je laisse au dela de la Contr'escarpe des Dehors un Coridor de sept à huit toises de large, couvert d'un parapet avec ses banquettes
& son esplanade lui donnant si l'on veut des
saillies en dehors aux Angles rentrans de la
Contr'escarpe, afin d'occuper du terrain &
pratiquer des Places d'armes spacieuses.

Ainsi

Ainsi je ne vois point d'endroit dans ma For-
tification qui ne soit veu du moins de trois
ou quatre autres ; Et je n'ay point de conoif-
fance que l'on ait jufqu'ici propofé aucune
Maniere, qui donne tant de place au feu de la
défenfe , & tant d'empêchement à celui des
Affaillans,

Qui eft à mon fens tout ce que l'on peut
defirer d'un bon Ingenieur ; à qui il n'eft pas
jufte d'imputer ce qui peut arriver de facheux
pendant un Siege, par l'ignorance ou la mort
des Chefs , par le petit nombre ou la lâcheté
des Soldats , par les Seditions , par le manque-
mens de Vivres ou de munitions , & par les
autres malheurs, qui font ordinairement perdre
les Places.

Si l'on veut, pour fe défendre contre les mines & les fourneaux, fe fervir de ce que M.r de
Pagan propofe dans fes baftions , qui eft de
donner peu de largeur aux rampars des faces , &
y en faire de fecondes en dedans, feparées des
premieres par un foffé ; Il n'en fera que mieux.

Je pourrois auffi faire voir que cette Fortification peut être infiniment augmentée par la
multiplication des Dehors , & par plufieurs
avantages qu'elle eft capable de recevoir par le
dedans. Que dans les Places dont les gorges
font fort ouvertes, l'on peut retrancher la longueur de leurs faces vers les Epaules , & en

I

êtendre par ce moïen confiderablement les flancs, qui fur la ligne droite pourroient, fans rien alterer aux autres parties, s'agrandir au point de contenir plus de deux cens pieces de Canon pour la défenfe du foffé qui leur eft oppofé. Que cette Fortification peut être aifément appliquée fur toutes fortes de figures regulieres ou irregulieres. Que toutes les Places dêja fortifiées fuivant les autres manieres, peuvent être tres-facilement reduites à celle-ci, fans rien changer ni aux faces des Baftions, ni aux Dehors; pourveu feulement qu'elles ayent du fecond flanc ou en Courtine. Et mille autres chofes de cette nature que je tais; parceque je me fuis propofé dans ce Difcours, de donner l'explication de ma *Maniere*, le plus fimplement & le plus fuccintement qu'il m'a été poffible.

On ne manquera pas d'oppofer à cette invention beaucoup de difficultés, fur le fujet de la dépenfe, fur le nombre d'Artillerie & de Canoniers, fur la grandeur du foffé, fur la quantité des terres qu'il faut foüiller, fur la difference qu'il y a entre cette Fortification & toutes celles qui font en ufage; On m'objectera qu'il faudroit ruiner tous les travaux anciens, & beaucoup d'autres chofes de cette nature.

Mais mon deffein n'eft pas de combattre icy toutes les Opinions contraires; la Queftion eft

de fçavoir feulement fi cette maniere de Forti-
cation feroit meilleure que les autres. Que fi
quelqu'un dit que je ne l'ai pas inventée, il
me fera plaifir de m'en montrer quelqu'exem-
ple ; la Nouvelle Fortification de Mayence eft
la feule qui y ait quelque rapport, mais quand
on l'aura bien examinée, on trouvera que ce font
deux chofes tres differentes.

Au refte j'ay joint à ce difcours quelques def-
feins qui peuvent en faciliter l'intelligence ;
dont le premier eft pour en enfeigner la pratique fur toutes fortes d'Angles de Polygones
donnés. Le fecond, le troifiéme, le quatriéme
& le cinquiéme, contiennent partie de divers
Polygones fortifiés par cette metode. Le fixié-
me eft le plan d'une Tenaille un peu grande
où toutes les parties de la Fortification font
mifes avec exactitude. Le feptiéme eft le même
plan relevé avec fes profils. Le huitiéme eft une
Table du calcul des Angles de plufieurs Polygones fortifiés fuivant cette maniere. Le neuviéme eft une autre Table du calcul des lignes
des mêmes Polygones, fur les deux differentes
mefures du côté exterieur, dont il eft parlé dans
le difcours. Le dixiéme eft pour faire voir la
facilité qu'il y a de reduire à cette maniere
toutes les Places déja fortifiées, pourveu qu'elles aient du fecond flanc, fans y rien changer,
ni aux faces des baftions, ni aux foffés, ni mê-

me aux Dehors. L'onziéme eſt le plan de la Ville de Dunquerque avec ſes anciénes Fortifications, ſur lequel j'en ay mis une autre ſuivant cette metode, afin que par la comparaiſon de l'une & de l'autre l'on puiſſe mieux comprendre ce que celle - ci peut valoir. Et enfin le douziéme eſt le plan de la Ville de Maeſtricht avec ſes anciennes Fortifications, ſur leſquelles Sa Majeſté me fit l'honneur de m'ordoner d'appliquer la mienne peu de temps aprés l'avoir priſe.

F I N.

PRIVILEGE DU ROY.

LOUIS PAR LA GRACE DE DIEU, Roy de France & de Navarre : A nos amez & feaux Conſeillers les Gens tenans nos Cours de Par-

lement , Prevôfts, Baillifs, Senéchaux , leurs Lieute-
nans & tous nos autres Jufticiers & Officiers qu'il ap-
partiendra , S A L U T : Nôtre cher & bien amé le fieur
B L O N D E L Maréchal de nos Camps & Armées ,
Maître pour enfeigner les Mathematiques à nôtre
tres. cher & tres. amé fils L E D A U P H I N , ayant compofé divers Ouvrages pour l'inftruction de nôtredit
Fils , Sçavoir : *La Nouvelle Maniere de Fortifier les Places ;*
l'Art de jetter les Bombes ; & un Cours de Mathematique compofé de plufieurs Traités de Geometrie, d'A-
rithmetique, d'Optique, de la Sphere, de Mechanique &
autres ; Nous aurions eu lefdits Ouvrages tres - agrea-
bles ; Et voulant qu'ils foient donnés au public , &
en même temps procurer audit fieur B L O N D E L l'u-
tilité qui peut revenir de l'impreffion d'iceux. A C E S
C A U S E S & autres à ce nous mouvant , de nôtre
grace fpeciale , pleine puiffance & autorité Royale ,
Nous avons audit fieur B L O N D E L accordé & octroyé ,
accordons & octroyons par ces prefentes fignées de
nôtre main , la faculté & privilege de faire imprimer vendre & debiter lefdits Ouvrages de *la Nouvelle Maniere de Fortifier les Places* , l'Art de jetter
les Bombes , & ledit Cours de Mathematique , pendant le temps & efpace de vingt années , à commencer du jour qu'ils feront achevés d'imprimer pour
la premiere fois : Pendant lequel temps Nous avons
fait & faifons tres - expreffes inhibitions & défenfes à
tous Imprimeurs & Libraires de nôtre Royaume , Pays ,
Terres & Seigneuries de nôtre obeïffance , & à toutes perfonnes de quelque qualité & condition qu'elles puiffent être , d'imprimer , faire imprimer , con-
trefaire ou imiter , vendre , debiter lefdits Ouvrages ,
fous pretexte d'augmentation , correction , changement
ou autrement , fans le confentement par écrit dudit
fieur B L O N D E L ou de ceux qui auront droit de
luy , à peine de fix mil livres d'Amande , applicable

I iij

un tiers à Nous, un tiers à l'Hôpital General de nôtre bonne Ville de Paris, & l'autre tiers audit ſieur
BLONDEL ou à ceux qui auront droit de luy, de
confiſcation des Ouvrages contrefaits & de tous deſ-
pens domages & intereſts. SI VOUS MANDONS ET
ORDONNONS que du contenu en ces preſentes vous
ayés à faire joüir & uſer ledit ſieur BLONDEL, &
ayant cauſe, pleinement & paiſiblement, ceſſant &
faiſant ceſſer tous troubles & empêchemens. VOU-
LONS qu'aux coppies des preſentes deuëment col-
lationnées par l'un de nos amez & feaux Conſeillers
Secretaires, foy ſoit ajoutée comme à l'Original,
COMMANDONS au premier nôtre Huiſſier ou Ser-
gent ſur ce requis, de faire pour l'execution des preſentes tous Actes & exploits neceſſaires, ſans pour ce
demander autre permiſſion, nonobſtant Clameur de
Haro, Charte Normande, priſe à partie & autres
Lettres à ce contraires : CAR tel eſt nôtre plaiſir.
DONNE' à S. Germain en Laye le quinziéme jour
du mois de Decembre, l'an de grace mil ſix cens qua-
tre vingt un & de nôtre Regne le trente neuviéme.
Signé LOUIS; Et plus bas, par le Roy, COLBERT,
& Sellé du grand ſceau de cire jaune.

Et à côté eſt écrit. *Regiſtré* ſur le Livre de la Com-
munauté des Libraires & Imprimeurs de Paris, le 12
Janvier 1682. Suivant l'Arreſt du Parlement du 8 Avril
1653. Et celui du Conſeil privé du Roy du 27 Fevrier
1665. Signé ANGOT Sindic.

Achevé d'Imprimer pour la premiere fois, *le dernier Fevrier 1683.*

De l'imprimerie de FRANÇOIS LE COINTE, ruë
des Sept-Voyes proche le College de Reims.

Fautes à Corriger.

Pag.	Ligne			
3	7	-eceffaire	*lifez*	-eeffaire
5	9	mille		milles
11	6	-meut		ment
	22	une	*effacez.*	
12	23	-voir	*lifez*	-vrir
22	18	vû		vûs
60	1	aufquels		auxquels
	7	qu'elle		qu'elles

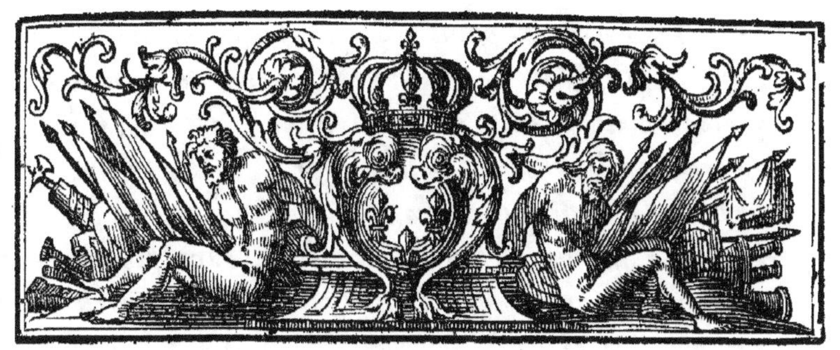

PRATIQUE

DE

LA CONSTRUCTION

DE LA

FORTIFICATION

NOUVELLE.

SOIT à fortifier l'angle $Q\,AB$ dont les côtez $A\,Q$ & $A\,B$ sont égaux.

Du Centre A de quelque intervalle que ce soit comme $A\,R$, soit décrit le Cercle $R\,2\,Z$ coupant les côtés en R & Z; dans lequel du point R soit inscrite la droite $R\,2$ égale au rayon $A\,R$, afin que l'arc $R\,2$ soit de 60 deg.; à la moitié duquel soit fait égal l'arc $2,4$ qui sera par ce moyen de 30. deg., & l'arc entier $R\,4$ de 90. Et divisant l'arc $2,4$ en

deux également au point 3 , l'arc 3 , 4 sera de 15
deg. . Ensuitte l'arc 4 Z (qui est le reste de l'angle
proposé dont on a ôté un angle droit) soit partagé
en trois également aux points 5 & 6 : Et prenant
l'arc 3, 5 (qui est fait de l'arc 3 , 4 de 15 deg. , & de
l'arc 4, 5 qui est le tiers de l'arc 4 Z,) rapportés-le
des points R & Z sur la Circonference du Cercle
aux points Y & 7, & des points P & O aux points
V & S enforte que chacun des arcs R Y : Z, 7 : P V :
O S soit égal à l'arc 3 , 5. Enfin par les points Y
& 7, du point A ; & par V & S, des points Q &
B ; il faut mener les droites A Y X , Q V L , A 7 K ,
B S L ; qui se coupant respectivement aux points 8
& G , feront les Tenailles A 8 Q , A G B , dont
chacun des côtés A 8 , Q 8 , A G , B G doit être
coupé en deux également aux points N, T, C, D , qui
termineront la longueur des faces des Bastions A N,
Q T, A C, B D. Aprés quoy il ne faut que diviser l'un
des côtés de l'angle comme A Q en dix parties égales ,
& en prendre sept comme du point Q en R , qu'il
faut rapporter sur les côtés prolongez de la Tenaille
comme de Q en I ; de A en M & F ; & de B en E ;
pour avoir la longueur des lignes de défense A M,
A F, Q I, B E ; Et joindre enfin les points I M,
F E & I N , M T ; E C , F D ; pour avoir par ce
moien les droites I M , F E pour les Courtines ; les
droites I N, M T, E C, F D pour les flancs ; &
les droites A C, A N, Q T, B D pour les faces des
Bastions.

Le reste est expliqué dans le discours.

Pratique de la Construction de la Fortification Nouuelle du Sieur Blondel

Broebes f.

MANIERE D'APPLIQUER

la nouvelle fortification aux Places qui ont du second flanc, sans rien changer ni aux faces des Bastions, ni aux fossés, ni aux Dehors.

SOIT une tenaille fortifiée à la Hollandoise dont les faces des Bastions sont A C : B D ; les flancs C F : D E ; & la Courtine F E ; la Contr'escarpe N O P & la Demi-lune K L O M : où le point O qui fait l'angle rentrant de la Contr'escarpe, ôte au flanc droit la veuë de la face du bastion qu'il doit défendre, suivant la façon de fortifier la plus ordinaire & la plus mauvaise. Pour la reduire à la maniere nouvelle, il n'y a qu'à continuer les lignes des faces des Bastions au dela de l'angle flanquant G, comme A C I & B D H ; puis du point A sur B H, & du point B sur A I, mener les perpendiculaires C H : D I qui seront les flancs, & H I la Courtine de la fortification nouvelle, laquelle n'a rien changé ni aux faces, ni au fossé, n'y aux Dehors. Les lignes de points marquent le detail des parties tant pour les batteries des flancs, des faces des Bastions & des demi-lunes, que pour les Contregardes & les Lunettes.

Maniere
d'appliquer la nouuelle fortification aux places qui ont du Second
flanc ; sans rien changer ni aux faces des bastions, ni aux fossez,
ni aux   dehors.

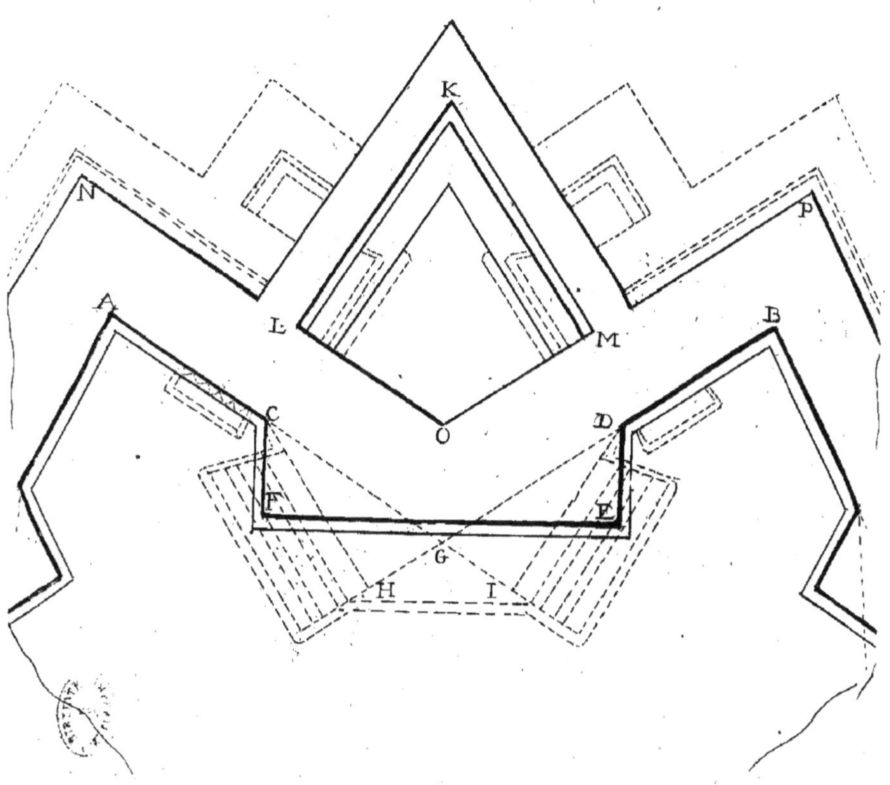
K
N
P
A
B
L
M
C
D
O
F
E
G
H
I

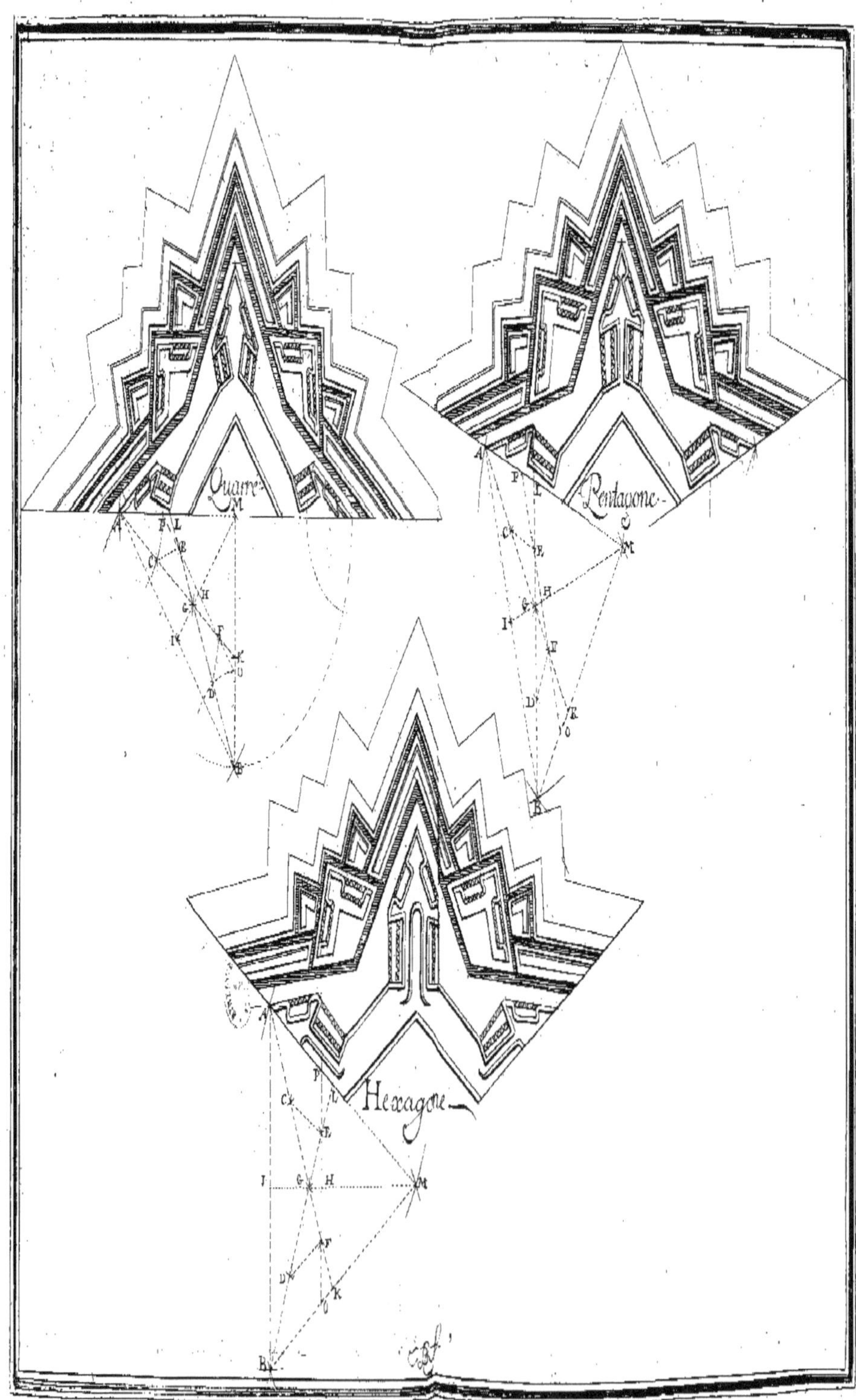

Quarré
Pentagone
Hexagone

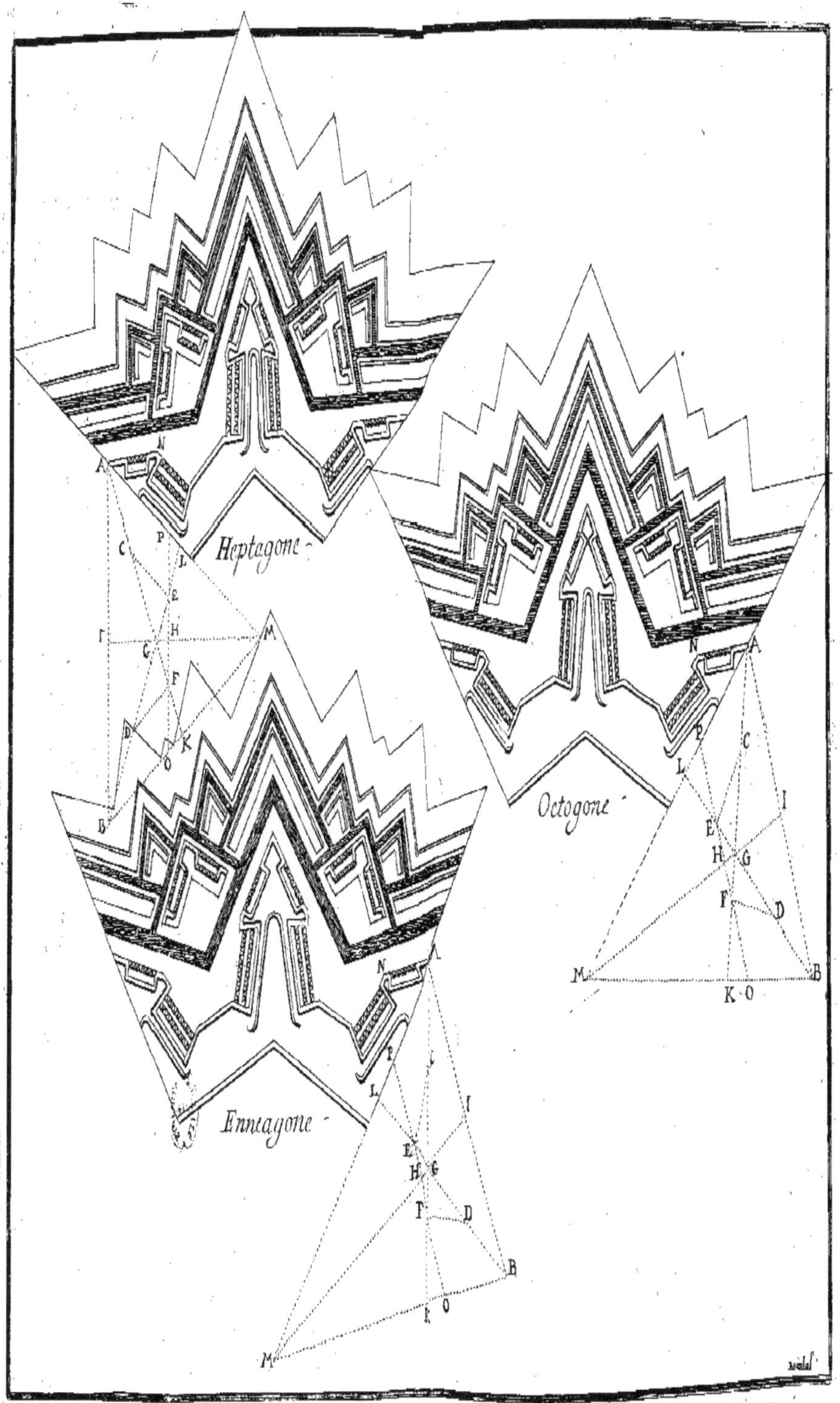

Heptagone
Octogone
Enneagone

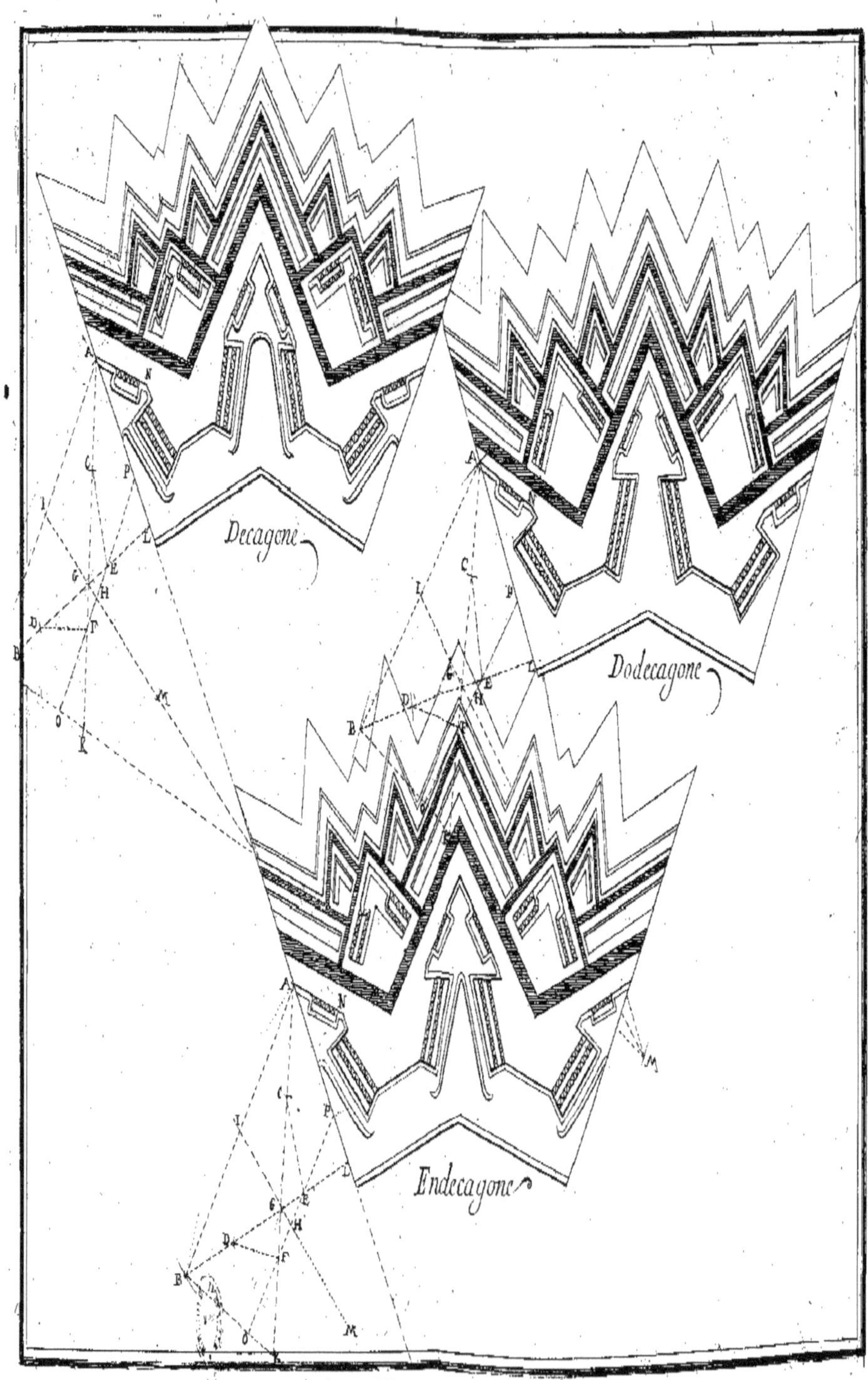

Decagone
Dodecagone
Endecagone

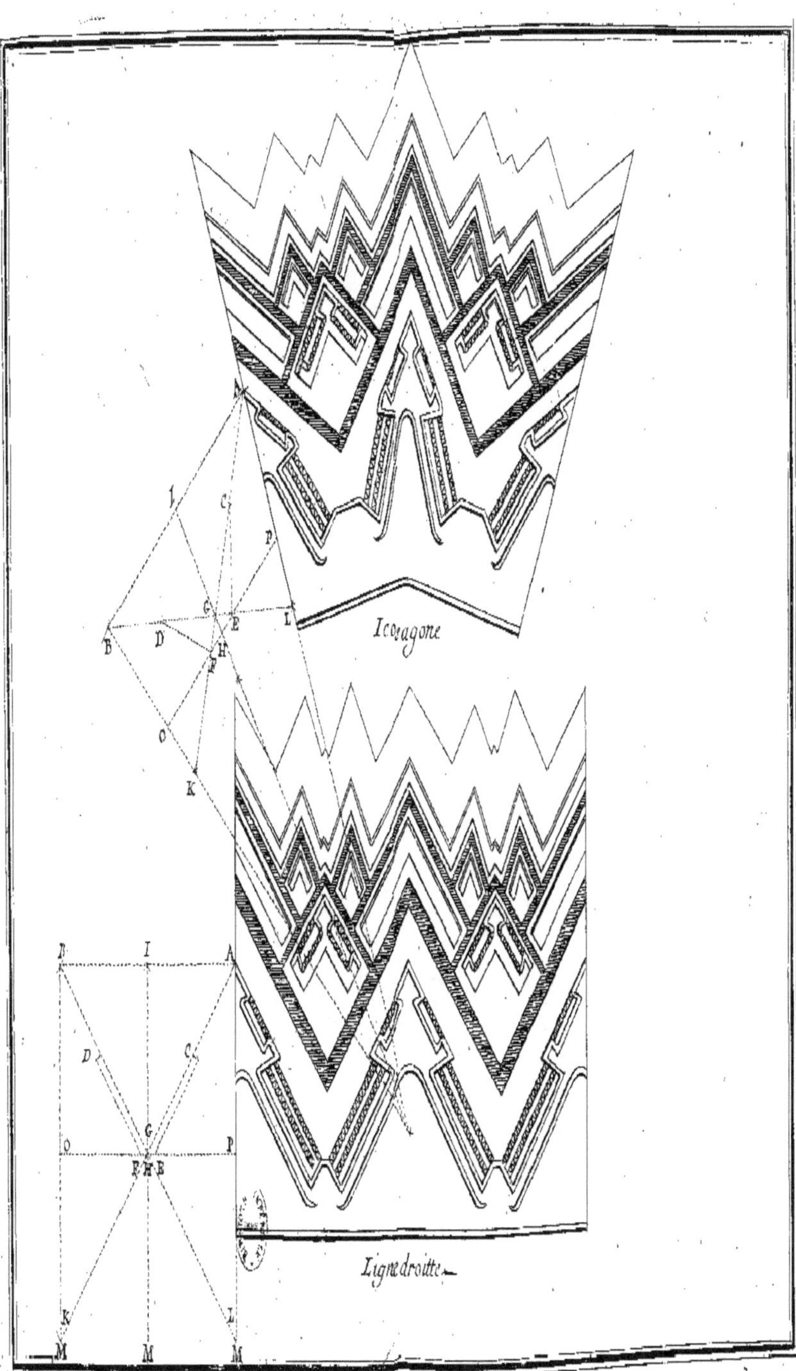
Icosagone
Ligne droitte

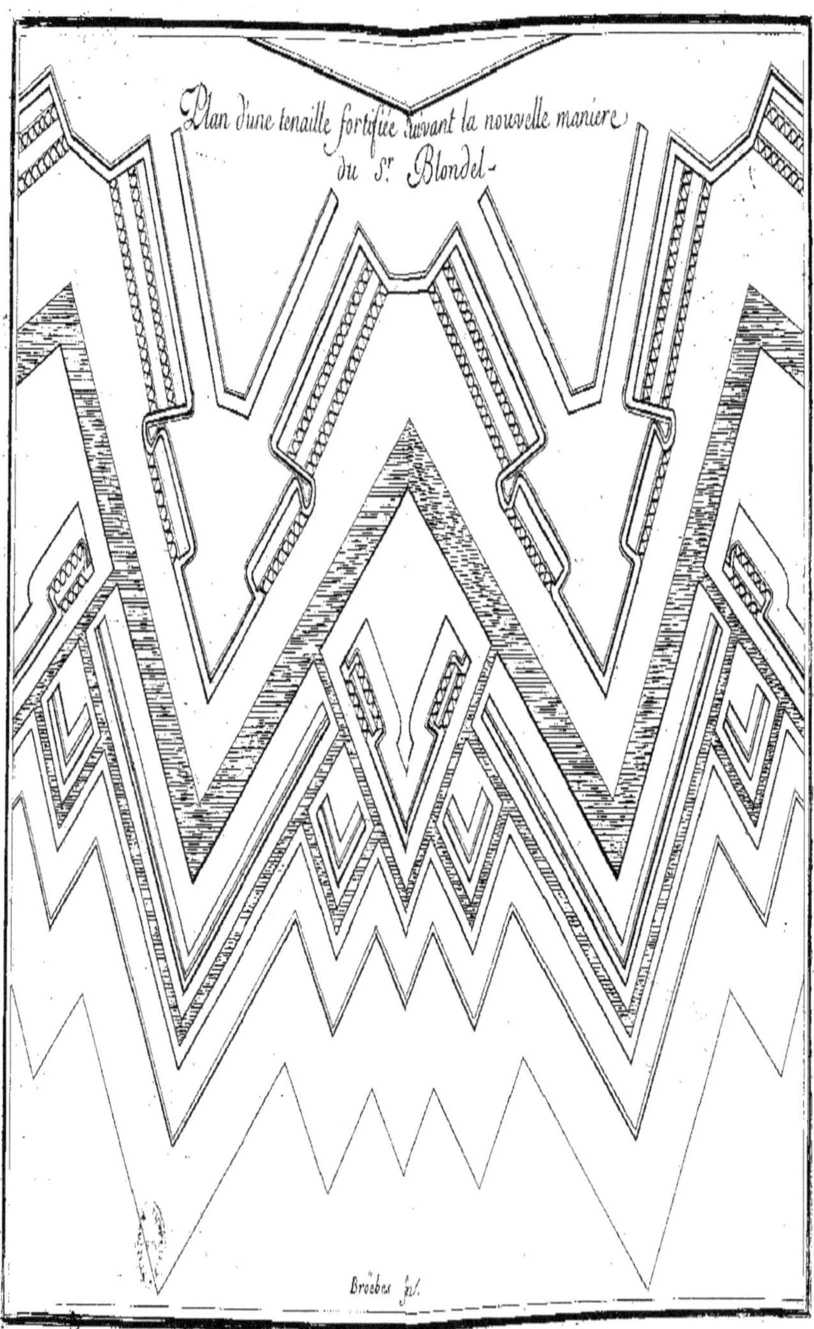

Plan d'une tenaille fortifiée suivant la nouvelle maniere
du Sr. Blondel
Broebes fec.

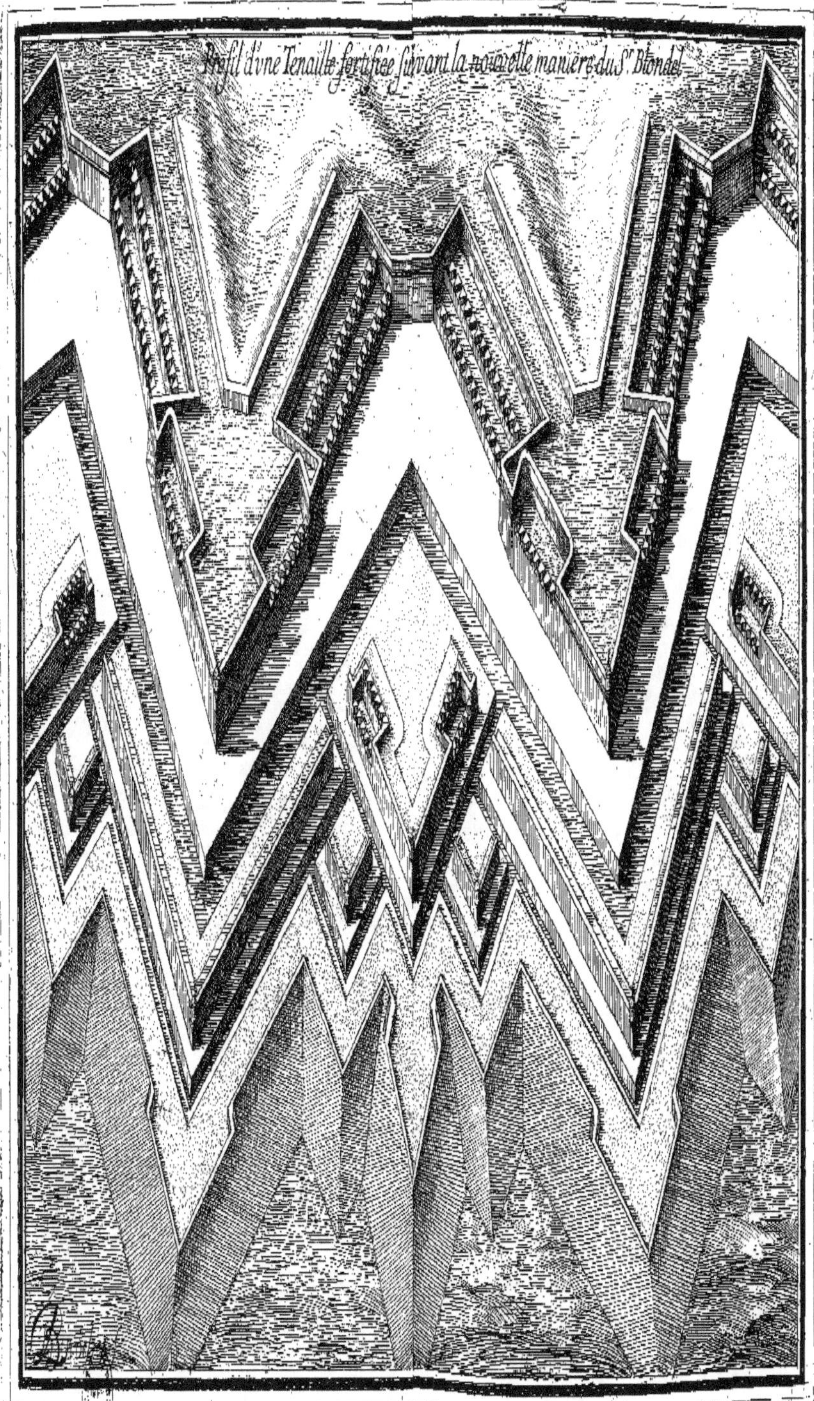

Profil d'vne Tenaille fortifiée suivant la nouuelle maniere du S.r Blondel

Table des Angles de la Fortification nouvelle du Sieur Blondel.

Angles	A.M.B. (du centre)	Q.A.B. (du Polygone)	M.A.B. (moitié du Polygone)	N.A.C. (Flanqué ou du Bastion)	M.A.C. (moitié du Flanqué)	C.A.I. (diminué)	A.G.B. (Flanquant ou de la Tenaille)	F.G.D. (Complém. du Flanquant)	F.D.B. (de l'Epaule)	F.D.G. (Complém. de l'Epaule)	D.F.E. (du Flanc)	G.F.D.	G.D.F.	G.K.B.
Quarré 4	90 deg.	90	45	60	30	15	150	30	120	60	122.47	107.47	42.13	120
Pentagone 5	72	108	54	66	33	21	138	42	132	48	123.11	100.41	37.49	105
Hexagone 6	60	120	60	70	35	25	130	50	140	40	123.48	97.48	32.12	95
Heptagone 7	51.25	128.35	64.17	72.51	36.25½	27.52	124.16	55.44	145.44	34.16	124.15	96.23	27.57	87.51
Octogone 8	45	135	67.30	75	37.30	30	120	60	150	30	125.4	95.4	24.56	82.30
Enneagone 9	40	140	70	76.40	38.20	31.40	116.40	63.20	153.20	26.40	125.20	94.40	22	78.20
Decagone 10	36	144	72	78	39	33	114	66	156	24	126.54	93.54	20.6	75
Endecagone 11	32.44	147.16	73.38	79.6	39.33	34.5	111.50	68.10	158.10	21.50	127.42	93.37	18.13	72.17
Dodecagone 12	30	150	75	80	40	35	110	70	160	20	128.28	93.28	16.32	70
Tridecagone 13	27.41	152.19	76.9½	80.47	40.23	35.46	108.28	71.32	161.32	18.28	129.2	93.1	15.12	68.5
Tetradecagone 14	25.46	154.14	77.7	81.24	40.42	36.25	107.10	72.50	162.50	17.10	129.30	93.5	14.5	66.28
Pentedecagone 15	24	156	78	82	41	37	106	74	164	16	129.50	92.50	13.10	65
Sexdecagone 16	22.30	157.30	78.45	82.30	41.15	37.30	105	75	165	15	130.11	92.44	12.19	63.45
Heptadecagone 17	21.10	158.50	79.25	82.56	41.28	37.57	104.6	75.54	165.54	14.6	130.27	92.38	11.36	62.38
Octodecagone 18	20	160	80	83.20	41.40	38.20	103.20	76.40	166.40	13.20	130.42	92.22	10.58	61.40
Enneadecagone 19	18.57	161.3	80.31	83.41	41.50	38.41	102.38	77.22	167.22	12.38	130.40	92.8	10.30	60.48
Icosagone 20	18	162	81	84	42	39	102	78	168	12	130.52	91.52	10.8	60
Ligne droite	0	180	90	90	45	45	90	90	180	0	135	90	0	45

Lignes	AB Côté exterieur	OP Côté interieur	AF Lig de deffecé	BG Co de la Tenaille	BD Face	FD Flanc	EF Courtin	FO Demi-gorge	BO Capital	BM Demi diametre majeur	OM Demi diametre mineur	FK	BK	GK	GF	EO
Quarré 4	200	127½	140	103½	51½	27	70½	28½	52	141½	89½	23	60	59½	36½	99
	170	109	120	88	44	23	60½	24½	44½	120	75½	19½	51	50½	31	87
Pentagone 5	200	149½	140	107	53½	36½	60½	33½	62	170	108	28	74	61	33	96
	170	111	120	90½	45	31	52	29	53	144	91½	24	62½	52	18	82
Hexagone 6	200	132	140	110	55	42½	54	39	68½	200	131½	34	86	63½	29½	93
	170	113	120	94	47	35	46	32	58½	170	111½	29½	72	54½	25	80
Heptagone 7	200	137	140	113	56	47½	48	44½	72½	230½	168	38	93½	65½	27	92½
	170	117½	120	96	48	41	41	38	62	196	134	33	79½	56	23	79½
Octogone 8	200	142½	140	115½	58	50½	41½	50½	75½	161½	186	47	101	72½	24½	92
	170	121	120	98	49	43	35½	43	64½	222	157½	40	87	60½	21	79
Enneago 9	200	146	147	117½	59	53	38	54	78½	292½	214	52	107	74½	22½	92
	170	125	120	99	49½	45½	32½	46½	67½	248½	181	46	91	64	19	79
Decagone 10	200	150½	140	119½	60	54½	34½	58	80½	323½	143	57½	113	78	20½	92½
	170	129	120	101½	51	47	29½	49½	69	275	206	49	96	66½	17½	79½
Endecago 11	200	154½	140	122	60½	56½	31½	61½	81½	355	273½	62	117	81	19	93
	170	132½	120	103	51½	48½	27	62½	69½	302	232½	53	100	69	16	80
Dodecago 12	200	156	140	122	61	58	30	63	82½	386	303¼	66½	122¾	84	17½	93
	170	134	120	104	52	49½	25½	54	72	328½	251½	56½	104	72½	15	90
Tridecago 13	200	158	140	124	62	58½	29	64½	84½	418	333½	72½	126½	89	16½	93½
	170	135½	120	105	52½	50	25	55½	72½	355	282½	60	107	75	14	80½
Tetradecag 14	200	159½	140	124½	62½	59	27½	66	85½	448½	363	75	129½	90½	15½	93½
	170	137	120	105	52½	50½	23½	56½	73½	381	307½	64	111	77	13	80½
Pentedeca 15	200	161	140	125	62½	60	26	67½	86½	481	394½	78	132½	92½	14½	93½
	170	138	120	106	53	51½	22	58	74½	409	334½	67	112½	79½	12½	80½
Hexacaidecag 16	200	163½	140	126	63	61	24½	69½	87	512½	425½	81	136	95	14	94
	170	140	120	107	53½	52	22	59½	75	430½	355½	69½	115½	81½	12	81
Heptacaidecagone 17	200	165½	140	127	63½	61½	22½	71½	87½	544½	457	83	139	96½	13½	94
	170	142	120	108	54	52½	19	61	75½	463	387½	71	118	82½	11	81
Octocaidecagone 18	200	168½	140	127½	63½	62	20½	74	88	576	488	84½	141	97	12	94½
	170	144½	120	108½	54	53	18	63½	76	480	404	72½	120	83	10½	81½
Eneadecagone 19	200	170	140	128	64	62½	19½	75	88½	606	517½	85½	143	98	11½	94½
	170	146	120	109	54½	53½	17	64½	76½	525	438½	73½	122	83½	10	81½
Icosago 20	200	171½	140	128½	64	63	18½	76½	89½	639	549½	88½	145½	99	11	95
	170	147	120	109½	54½	54	16	65½	77	543	466	75	124	84½	9½	82
Ligne droite	200	200	140	141	70½	70½	0	100	100	Infini	Infini	121	200	141	0	100
	170	170	120	120	60	60	0	85	85	Infini	Infini	120	170	120	0	85

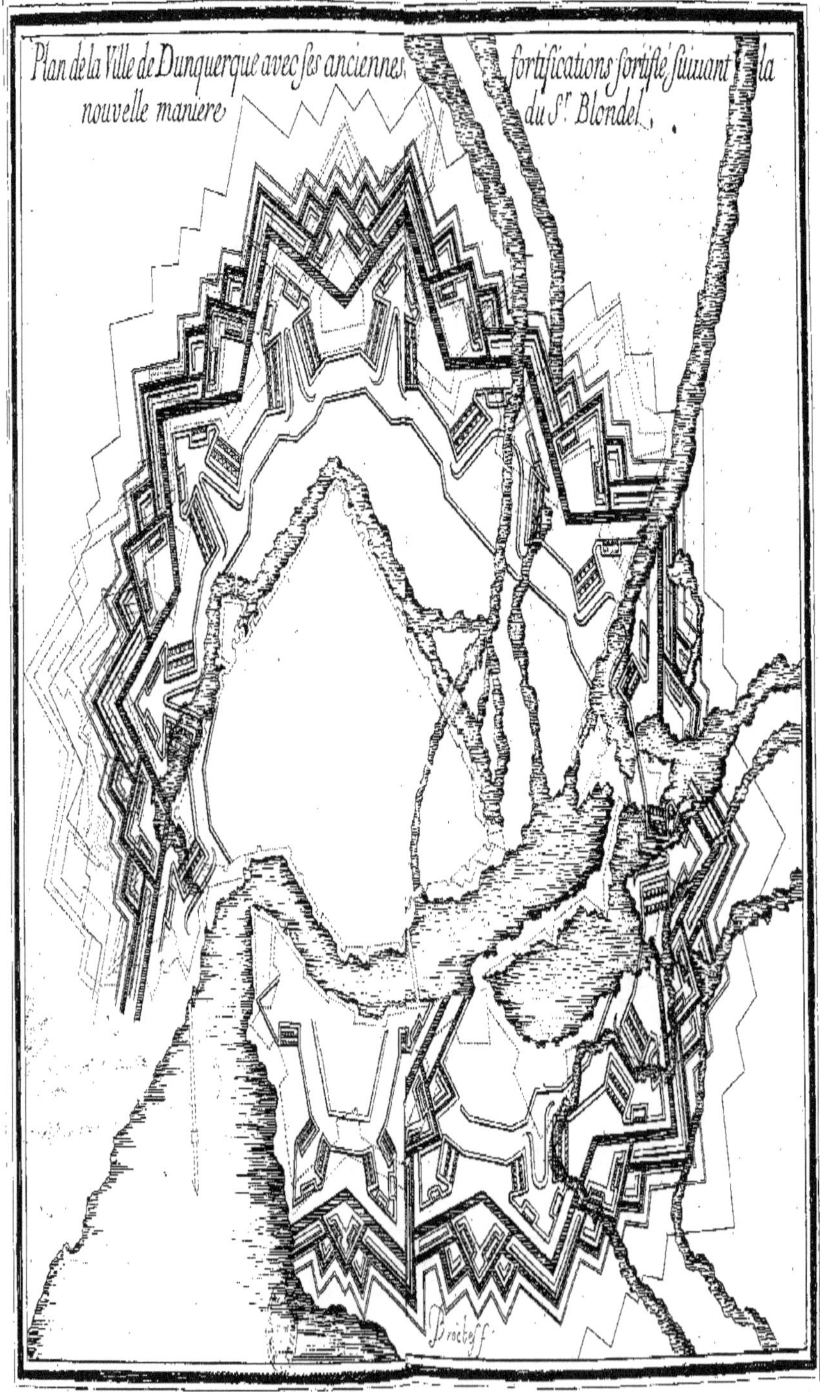

Plan de la Ville de Dunquerque avec ses anciennes
nouvelle maniere
fortifications fortifie suiuant la
du Sr. Blondel
Prochoff

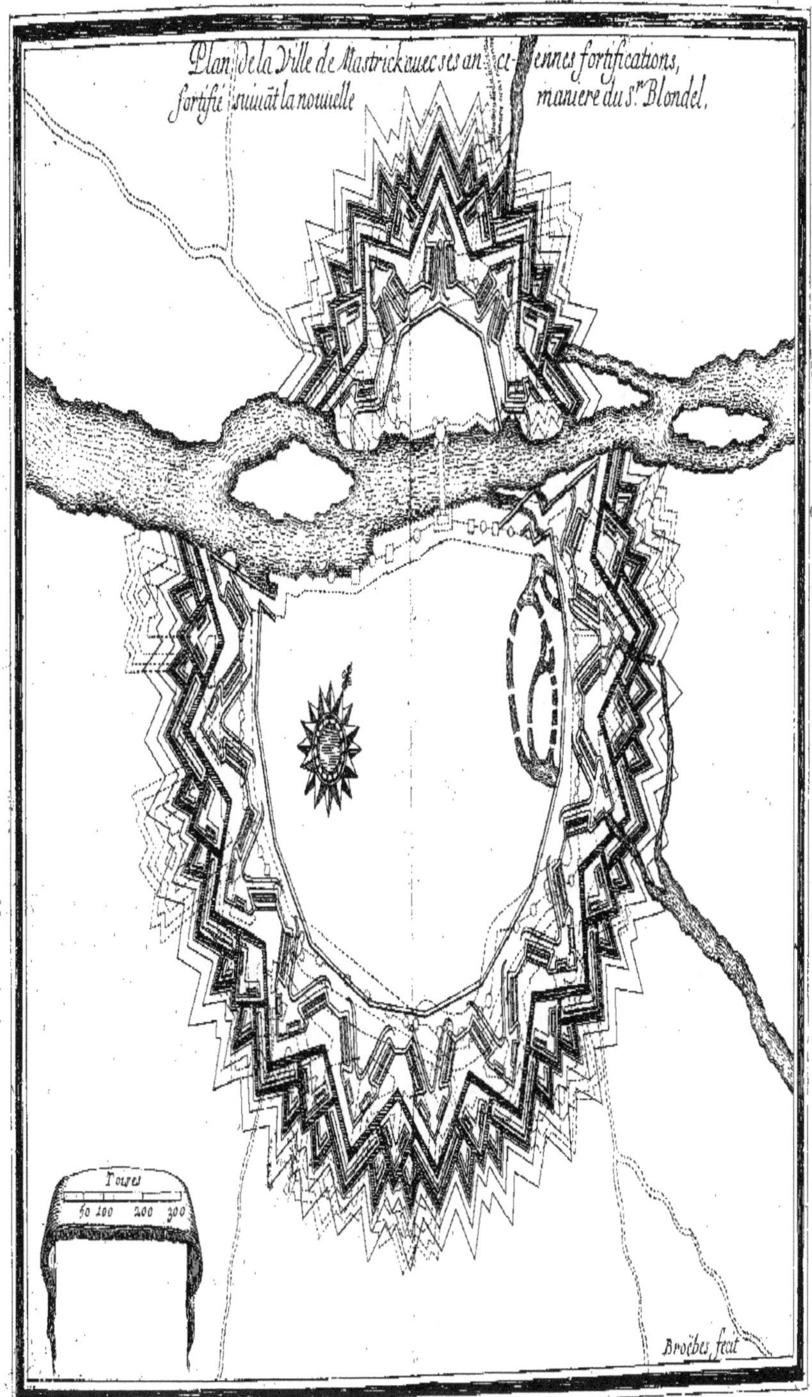

Plan de la Ville de Mastrick auec ses anciennes fortifications,
fortifie suiuāt la nouuelle maniere du Sr. Blondel.
Toises
40 100 200 300
Broëbes, fecit

www.ingramcontent.com/pod-product-compliance
Lightning Source LLC
LaVergne TN
LVHW011443180726
843503LV00004BA/1369